監修者――佐藤次高／木村靖二／岸本美緒

［カバー表写真］
カイロ城内のスレイマン・パシャ・モスク
（1528年竣工）

［カバー裏写真］
スレイマン・パシャ・モスクの内壁タイル

［扉絵］
カイロの住宅地
（レイン『現代エジプト人の風俗習慣』より）

世界史リブレット112

オスマン帝国治下のアラブ社会

Hasebe Fumihiko
長谷部史彦

目次

アラブ地域の「近世」

本書では、オスマン帝国▲の統治下にあったアラブ地域の十六〜十八世紀に照準を合わせて、社会史の多面的な論述を試みる。現在のアラブ諸国の大学において、この時代は「近代史」の一部としてあつかわれている。「初期近代」を指す一般的な用法に従い、以下ではアラブ史のこの三世紀を「近世」と表現することにしたい。

アラブ地域とはアラビア語を第一言語とするアラビア語圏を意味するが、近世のこの地域に暮らした人々がこうした言語圏の広がりを意識することはあまりなかった。現在のアラブ地域は、例えばアラブ連盟▲の加盟国の分布域として明示される。しかし、アラブの民族的な一体性の強調にもとづくこうした地域の

▼オスマン帝国　一四五三年のコンスタンティノープル征服を機に、ビザンツ帝国にかわって「世界帝国」への道を歩み出したオスマン朝は、オスマン帝国とも呼ばれる。本書では一貫してオスマン帝国という呼称を用いることにする。

▼アラブ連盟　一九四五年に創設されたアラブ諸国の地域協力機構。現在の加盟国は、オマーン・カタル・アラブ首長国連邦・バハレーン・サウジアラビア・クウェート・イエメン・ヨルダン・イラク・シリア・パレスチナ・レバノン・エジプト・スーダン・リビア・チュニジア・アルジェリア・モロッコ・モーリタニア・コモロ・ジブチ・ソマリアの二二カ国。

設定は、近世という時代には存在しなかった。近代的民族（ネーション）としてのアラブの意識形成は十九世紀中葉以降のことであり、それ以前にアラブといえば、まず「ベドウィン」（アラブ遊牧民）が想起されたのである。

　また、近世にアラビア語が第一言語だったと想定される地域には、トルコ語やオスマン語▲、インド洋圏の広域共通語のペルシア語、あるいはベルベル諸語・クルド語・アルメニア語・ヌビア語といった言語をあわせて用いながら生活をいとなむ人々が少なからずいた。特定の言語集団への固着的な帰属意識にもとづいた地域設定は、近世の歴史的実態にそぐわないといえよう。本書の表題の「アラブ社会」は、こうした「暫定アラブ地域」を舞台に、さまざまな関係を切り結び、ともに生きる人々という意味で用いている。

　オスマン帝国治下のアラブ地域は、ティグリス・ユーフラテス川流域のイラク、東地中海と沙漠にはさまれ、南北に山脈の走るシリア▲、ヒジャーズを中心としてインド洋に突き出たアラビア半島の一部、ナイル川流域のエジプトとヌビア▲、モロッコを除くマグリブ▲などからなる西アジアと北アフリカの広域にわたった。だが、室町時代から江戸時代にかけての三世紀に相当し、現在のアラ

▼オスマン語　オスマン帝国で用いられたトルコ語の文語。

▼シリア　本書では、現在のレバノン、シリア、イスラエル・パレスチナ、ヨルダン、そしてトルコの一部からなる「歴史的シリア」を指して用いる。アラビア語ではビラード・アッシャーム、あるいはシャームという。

▼ヌビア　エジプトのアスワン以南のナイル上流域で、ヌビア語を話すヌビア人の居住地域。アラビア語でヌーバという。ファーティマ朝期以降、そこではアラブ遊牧民の流入によりアラビア語とイスラームが徐々に浸透していった。オスマン帝国のヌビア支配の拠点は、現在はナセル湖の小島と化しているイブリームの城塞におかれた。

▼マグリブ　西アラブ地域。アラビア語で「陽の沈む場所」を意味し、現リビア以西の北アフリカを指す。他方、エジプト以東の東アラブ地域は「マシュリク」（陽の昇る場所）という。

ブの人々にとっても間違いなく重要なこの時代に関して、日本で共有されている知識はとても少ない。アラブ史の近世は、かつて「トルコ支配の暗黒期」や「衰退期」とされていたが、その残響がいまだにあるかのようである。

　日本では二十世紀の末からオスマン帝国史に関する充実した一般書がいくつも刊行され、イスラーム世界史▲はもとより、ヨーロッパ史や世界史の理解にも再考を促してきた。そして、帝都イスタンブルとアナドル（アナトリア）やルメリ（バルカン半島）については、鮮明な歴史像が示されるにいたっている。しかし、当該期のアラブ地域はといえば、後景へと退き、いまだおぼろげな「周辺域」にとどまっているといってもよいだろう。

　アラブ諸国や欧米では、すでに一九七〇年前後から近世アラブ史の本格的な研究が始動していた。イスラーム法廷台帳（スィジッル）や検地帳などの文書史料、年代記・伝記集・旅行記などの叙述史料の分析をもとに、ラーフェク▲、レイモン▲、アブドゥッラヒーム▲などを先導者として、注目すべき研究成果が積み上げられてきた。今世紀にはいると、アラブ諸国・トルコ・欧米の研究者たちが一堂に会し、オスマン帝国治下のエジプトについて論じ合う大規模な国際研

▼イスラーム世界史　イスラーム諸王朝やイスラーム諸政権の支配領域をあわせた全域は「イスラームの家」（ダール・アルイスラーム）と呼ばれ、そこではイスラーム法が支配的な法体系として枢要な役割をはたしていた。「イスラームの家」＝「イスラーム世界」の広がりは歴史的に変化したが、少なくとも近代以前についてはその領域をかなり明確に設定できる。

▼アブドゥルカリーム・ラーフェク（一九三一〜　）　シリアのイドリブ出身。アレッポやダマスクスで学び、ロンドン大学アジア・アフリカ研究学院で博士号取得。一九六四年以降、ダマスクス大学、ウィリアム・アンド・メアリー大学などで研究教育に従事。広い視野に立ち、文書史料も活用し「下からの歴史」を志向する仕事で、近世・近代のシリア社会史研究を先導してきた。日本の研究者との交流も深い。著作に『ダマスクス州――一七二三〜一七八三年』（一九六六年）、『アラブとオスマン人たち――一五一六〜一九一六年』（一九七四年）などがある。

究集会（二〇〇七年、カイロ）なども開催されるようになった。

　こうしてこの時代の軽視は過去のものとなり、具体性や実証性に乏しい「暗黒期」や「衰退期」のイメージは払拭された。柔軟で適応力に富んだオスマン帝国の近世的体制のもと、十六世紀以降もアラブ社会がダイナミックに変化し、発展や熟成を重ねて西欧近代との邂逅《かいこう》をむかえたことが明瞭《めいりょう》になってきたのである。

▼アンドレ・レイモン（一九二五〜二〇一一）　フランスのロワレ県モンタルジに生まれ、パリ大学を卒業後、二年間チュニスのリセで教育にたずさわり、その後、オクスフォード大学で博士号取得。一九六九年からダマスクスのフランス・アラブ研究所所長を務め、一九七五年以降、プロヴァンス大学を拠点に緻密な研究活動を展開。近世アラブ都市研究を躍進させ、アラブの学界にも多大な影響を与えた。著書に『十八世紀カイロの職人と商人』（一九七四年）、『オスマン期アラブの大都市』（一九八五年）、『カイロ』（一九九三年）、『ムラード朝下のチュニス』（二〇〇六年）などがある。

▼アブドゥッラヒーム・アブドゥッラフマーン・アブドゥッラヒーム（一九三六〜二〇〇五）　上エジプトのソハーグに生まれ、カイロのアインシャムス大学で学び、文書史料を活用してオスマン帝国期エジプト史の研究を大きく前進させた。著書に『十八世紀のエジプト農村』（一九七四年）、『オスマン帝国期エジプトのマグリブ人たち』（一九八三年）などがある。

①—近世アラブ史の展開

アラブ地域へのオスマン帝国の拡大

一五一七年、オスマン帝国は第二次マムルーク・オスマン戦争▲に完勝した。バルカンへのイスラーム世界の大幅拡張を実現した北の大国が、アラブ地域の心臓部も手に入れたのである。エジプト、シリア、イスラームの両聖地（ハラマイン）のメッカ（マッカ）とメディナ（マディーナ）を含むヒジャーズ地方を領土に加えたオスマン帝国は、スンナ派世界の中核国家となり、イスラーム国家としての装《よそお》いや機能をいちだんと充実させることとなった。征服を実現したセリム一世は、マルジュ・ダービクの戦い▲を制してアレッポを占領すると早速、マムルーク朝（一二五〇〜一五一七年）のスルタンがおびていた「ハーディム・アルハラマイン」（両聖地の僕《しもべ》）の称号を自らのものと宣した。以後、イスタンブルの歴代スルタンは、第一次世界大戦後のオスマン帝国の消滅（一九二二年）まで、じつに四〇〇年にわたってこの重要称号をおび続けることになる。

スペインとの係争地であったイフリーキヤ（現チュニジア）のハフス朝▲を滅ぼ

▼第二次マムルーク・オスマン戦争　キリキア地方などの帰属をめぐる第一次マムルーク・オスマン戦争（一四八五〜九一年）は、断続的な戦闘のすえ、両軍の力の拮抗から和約に帰結した。しかし、四半世紀後の第二次マムルーク・オスマン戦争（一五一六〜一七年）では、オスマン帝国軍の近世的な火力が圧倒的優位を示し、降伏の申し出を拒絶されたトゥーマーンバーイ（在位一五一六〜一七）の敗死をもって、二七〇年近く続いたマムルーク朝は滅亡した。

▼マルジュ・ダービクの戦い　一五一六年八月、アレッポの北方約二〇キロのダービク平原におけるマムルーク朝とオスマン帝国の合戦。マムルーク朝のアレッポ総督のハーイルバクが戦場で寝返り、火器に優るオスマン帝国軍がマムルーク朝軍に圧勝し、マムルーク朝スルタンのカーンスーフ・ガウリー（在位一五〇一〜一六）が戦死した。

▼ハフス朝（一二二九〜一五七四）　ムワッヒド朝のイフリーキヤ総督の建てたイスラーム王朝。君主がカリフの称号を名乗るなど、隆盛期には

した一五七四年の時点で、オスマン帝国は東はイラクやアラビア半島から西はジャザーイル（アルジェリア北部）にいたるアラブ地域の大部分を支配下に組み入れていた。広大なアラブ地域の領土は州に分けられ、地方的な特性を考慮した支配体制が各州で整えられていった。スルタンの代理の軍政官である州総督（ベイレルベイ、ワーリー）が各州に赴任し、治政や徴税に責任をもった。十六世紀には宮廷奴隷出身のエリート官人がこの職に就いたが、これとは別系統の学者官僚組織に属する主席カーディー（法官）の職も各州におかれた。同職にはエリートのウラマー（学者）が赴任し、司法はもとより行政面でも肝心な役割を担った。主席カーディーはオスマン帝国の筆頭法学派のハナフィー派に属し、州の司法組織を束ね、住民の嘆願を受理し、州総督をはじめとした州の為政者の動きをイスラーム法やカーヌーン▲にもとづいて牽制《けんせい》する立場にあった。

　十六世紀のアラブ諸州には、在郷騎士（スィパーヒー）に村々の徴税権を与えて地方支配を担わせるティマール制の施行州（シリア諸州・モースル州など）と、州総督が強い権限をもって州全体を直接的に支配し、中央への収入余剰分の送金に責任を負う独立採算州（エジプト州・バグダード州・バスラ州・マグリブ諸州

マグリブにおいて統治の正統性をもっとも強く主張した。南欧の諸勢力とも交流を深めて首都のチュニスが繁栄したが、十六世紀にはいるとスペイン・オスマン帝国・海賊勢力に徐々に侵食され、衰滅の道をたどった。

▼カーヌーン　行政法。オスマン帝国の法としては、シャリーア（イスラーム法）、カーヌーン、アーダ（地域慣習法）の三つがそれぞれに重要であり、カーヌーンを集成した行政法令集（カーヌーン・ナーメ）も数多く編まれた。イスラーム国家であったオスマン帝国において、カーヌーンは「絶対神の聖法」としてのシャリーアに準拠すべきものだったが、実際には両者の間に相違や葛藤がみられることもあった。

▼イマズィゲン　モロッコからエジプトのシーワ・オアシスまでに分布する、ベルベル諸語を話すベルベル人たちの自称。「高貴な人々」を意味する。イスラーム諸政権のもとでイスラーム受容が進み、またアラビア語を併用するイマズィゲンも徐々に増加していった。

▼シャリーフ　預言者ムハンマドの血統保持者。サイイドともいう。女性ならばシャリーファ、サイイダ。

オスマン帝国のアラブ諸州

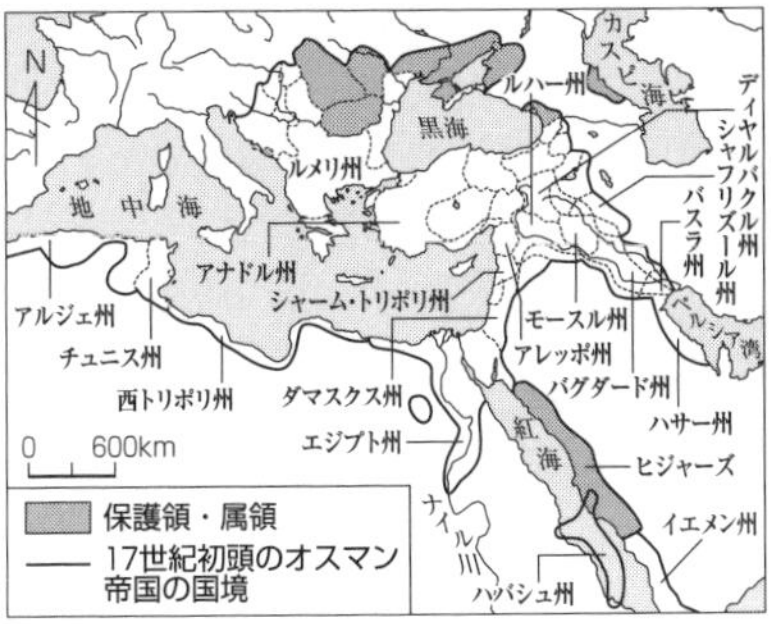

など)の二つのタイプがあった。

このようなオスマン帝国のアラブ支配は、極西マグリブのモロッコにはおよばなかった。そこではイマズィゲン▲の王朝のワッタース朝に続き、シャリーフ▲の君主をいただくサアド朝(一五四九〜一六五九年)が西アフリカの内陸部へも領土を広げて大国化した。その後アラウィー朝(十七世紀中葉〜　)がこれにとってかわり、シャリーフ支配体制が熟成していった。アラブ地域におけるモロッコの特殊性は、オスマン帝国の支配を経験しなかったことにあるといえよう。

スルタン・カリフ・両聖地の僕

マムルーク朝を倒したセリム一世は、この中世王朝の支配組織のなかに位置づけられていたアッバース家のカリフ(ハリーファ)をイスタンブルへと移動させた。しかし、結局これを活用しなかった。スンナ派の政治理論では、預言者ムハンマド(五七〇頃〜六三二)の後継者であり、ウンマ(全イスラーム教徒の共同体)の最高指導者であるカリフは、ムハンマドと同様にクライシュ族の出身であることが求められる。アナトリアのトルコ系の君侯(ベイ)の発展形態であるオスマン帝国のスルタンが、この要件を満たすには無理があった。ところがオスマン家のスルタンは、すでに十五世紀の段階で称号の一つとしてカリフを名乗るようになっていたのである。「辺境イスラーム国家」ならではの大胆さ、といえようか。

強大な力をもち、イスラームの信仰を守護し、勧善懲悪を旨《むね》とする公正なスルタンは、クライシュ族出身でなくともカリフとなりうる。スレイマン一世（在位一五二〇～六六）の大宰相リュトフィー・パシャ（在任一五三九～四一）はこんな主張の政治論を著し、スルタンがカリフをかねる「スルタン＝カリフ制」を正当化した。シェイヒュルイスラーム▲のエビュッスウード（在任一五四五～七四）も、帝国の司法の最高権威として同様の正当化を推し進めた。その後、危機が深刻化する十八世紀末以降、こうした「スルタン＝カリフ制」の主張が声高になる。近世のイスラーム世界におけるカリフをめぐる言説や政治文化に関しては、いまだ不明な点も多く、今後仔細《しさい》な検討が必要と思われる。

ところで、オスマン帝国の北アフリカ諸州の総督たちは、イスタンブルのスルタンのことをしばしばカリフと呼んだ。そこには、カリフであることを強く

▼シェイヒュルイスラーム　「イスラームの長老」を意味し、帝都イスタンブルの主席ムフティーを指す。一五四五年から三〇年近くも同職を占有したエビュッスウードの時代以降、イルミイェ（帝国の司法・教育組織）の最高職として重要度を高め、シェイヒュルイスラームのファトワー（法勧告）が帝国の行政や社会に大きな影響を与えるようになった。

主張するサアド朝君主との対抗関係が作用していた。西アフリカのソンガイ帝国▲を滅ぼした同王朝のアフマド・マンスール▲は、シャリーフとして自信満々にカリフを称し、サハラ以南のアフリカのイスラーム教徒たちに向けてこれをおおいに喧伝《けんでん》した。オスマン帝国の北アフリカ諸州は、南西方面からのこうした「外圧」を受け続けていたわけである。

そして、オスマン帝国スルタン（カリフ）の権威を支える重点分野といえば、イスラームの三大聖地であるメッカ・メディナの両聖地とイェルサレム、および聖地巡礼に対する保護と経済的支援であった。とりわけ、メッカの聖モスクはスルタンたちの援助の中心的な対象であった。例えば、スレイマン一世は聖モスクのミナレット（尖塔）を整備し、すぐ近くにスンナ派四法学派のマドラサ（学院）を新築した。また、ムラト四世の治世（一六二三～四〇年）の一六三〇年、聖モスクの中心のカアバ神殿が洪水被害を受けると、エジプト州の巡礼長官のリドワーン・ベイを現場責任者として、大規模修復が慎重におこなわれた。

また、後述するワクフ（イスラームの寄進）の制度にもとづく、オスマン帝国スルタンたちの救貧・慈善事業も聖地社会を支えた。マムルーク朝スルタンの

▼ソンガイ帝国（十一世紀～一五九一）　ニジェール川流域のガオやトンブクトゥを中心とする西アフリカの「多民族」国家。一四九六年にハッジ巡礼をおこなったアスキヤ・ムハンマド（在位一四九三～一五二九）の時代以降、イスラーム国家の性格を強めた。サアド朝のアフマド・マンスールが派遣した、スペイン生まれのジャウダルが率いる軍によって征服された。

▼アフマド・マンスール（在位一五七八～一六〇三）　サアド朝最盛期のスルタン。セバスティアン王率いるポルトガル軍のモロッコ侵攻をサアド朝軍が撃退したワーディー・アルマフザンの戦い（一五七八年）で、スルタンと前スルタンが戦死したために即位。シャリーフ支配を強調し、宮殿複合を造営して首都マラケシュを華麗に変貌させた。対ヨーロッパ外交にも意をそそぎ、イギリスとの連携によるアメリカ大陸への勢力拡大を企図したが、エリザベス一世はその提案に乗らなかった。

ジャクマクやカーイトバーイの両聖地向けワクフにセリム一世とスレイマン一世が追加・拡充した「大ダシーシャ」、そしてムラト三世(在位一五七四〜九五)が新設した「小ダシーシャ」の両ワクフは、聖地貧民に向けての巨大な慈善事業であった。ダシーシャは、そこで無料配給される挽割《ひきわり》小麦の粥《かゆ》を意味する。しかし、両聖地向けワクフが国有財をワクフ化できるスルタンの独壇場だったわけではない。中世以来、イスラーム世界全域の膨大で多様なワクフが聖地貧民をおもな対象として設定されてきた。また、両聖地がオスマン帝国の保護下にはいると、ブルサ・エディルネ・トカト・スィヴァス・カイセリなどアナトリアやバルカンの諸都市で設定された両聖地向けワクフも充実していった。そして、こうした莫大な浄財を集める両聖地には、イスラーム世界各地から貧しい人たちが参集することとなった。

エジプトとシリアの十七世紀

中央集権的な支配体制を確立したスレイマン一世の治世が過ぎると、文武の官人による支配を基盤として、オスマン帝国の中枢においてスルタン・大宰

▼宦官　アラビア語でタワーシー、ハーディム。前近代のイスラーム世界では去勢され、奴隷として売買される「黒人」や「白人」の宦官が、君主や有力者の家と墓を守護する中性的存在として広く用いられた。

▼バダウィー廟　ナイル・デルタのタンターに所在する聖者アフマド・バダウィー(一二七六没)の墓廟施設。絶大な信仰を集め、バダウィーの祭(マウリド)のさいには多くの庶民参詣者がつめかけ、ワクフによる「救貧のテント」も設営された。

▼ムハンマド・ブン・アビー・アッスルール・バクリー(一五九〇頃〜一六七六)　バクリーヤ教団長の家系であるバクリー家の出身の学者、歴史家。一五一七〜一六五〇年をあつかうバクリーの四つのアラビア語年代記は、歴代エジプト州総督に関する簡潔な記事からなるが、同時代史料としての価値がある。

▼ベイ　サンジャク・ベイ(県総督)の略称。特殊なあり方を示した十七世紀以降のエジプト州では、二〇数名の軍人がベイの称号と俸給を

相・シェイヒュルイスラーム・イェニチェリ軍団長、そして、母后や宮廷の宦《かん》官《がん》▲長などの後宮勢力が角逐《かくちく》する時代へと移行した。そして、アラブ諸州でも、帝国中央の動きとも連動して、有力官人の家産集団とその連合体である派閥が競い合うようになっていった。そして、十六世紀から十七世紀への世紀転換期は、東アラブ地域の諸州にとって小さな動乱期であった。

　エジプト州では、大宰相のイブラヒム・パシャによる体制固めののち、州総督の統治が安定した。しかし十六世紀末になると、帝国の財政難やインフレーションを背景として俸給に不満をもつ騎兵軍が要求行動や騒乱を繰り返すようになり、一六〇四年にはついに州総督を殺害し、首級《しゅきゅう》を掲げ行進する事態となった。この危機に投入された新任州総督のクルクラン・メフメト・パシャは、バダウィー廟▲に集結した反乱軍を粉砕した。歴史家のバクリー▲はこれを「第二の征服」と表現する。これ以後、州の統治は落ち着いたが、続いてベイ▲と呼ばれる有力軍人たちが台頭する。ベイたちには、アナトリアやバルカンの自由身分の軍人に加え、チェルケス人のマムルーク(軍事奴隷、およびその解放奴隷)も多かった。彼らはフィカーリーヤ▲とカースィミーヤ▲の二大派閥をなした。両派

与えられ、県総督職や巡礼長官・財務長官などの州の重職を担った。ベイたちはそれぞれ、エジプト州七軍団の枠外の軍事力であるバイト(一族郎党)を率い、競合した。

▼フィカーリーヤ　ファカーリーヤともいう。エジプト州で一六四〇年代に、ギルガー県総督のアリー・ベイと巡礼長官のリドワーン・ベイを中心に結成されたベイたちの派閥。集団名は、アリー・ベイの旗印のズルフィカール(第四代正統カリフ・アリーの剣)に由来する。フィカーリーヤはしだいにイェニチェリ軍との連携を深め、一七三〇年にカースィミーヤに最終的に勝利した。

▼カースィミーヤ　州総督代理のカーンスーフ・ベイと送金長官のマーマーイ・ベイを中心に結成されたベイたちの派閥。集団名は、カーンスーフ・ベイの主人でエジプト州財務長官を務めたカースィム・ベイに由来する。中央政府は勢力均衡をはかって、一六五〇年代にボスニア系軍人をカースィミーヤへと多数送り込んだ。その後、しだいにアザブ軍と連携を深めた。

対立の構図は、十八世紀初頭まで続くことになる。

　シリアの諸州ではエジプトと異なり、地方の有力者に州や県の総督職を与えて活用することもよくみられた。アレッポ州ではアナトリア中・東部を中心に発生したジェラーリー諸反乱の波及から混乱が続いたため、強い私兵をもつクルド系のジャーンブラート家のフサインが一六〇四年、州総督に抜擢された。しかし翌年に彼は刑死し、その甥《おい》のアリーが反乱を起こしてアレッポを占領した。アリーはトスカーナ大公国▲と連携して新政権を樹立しようとしたが、結局は攻め滅ぼされてしまった。

　この反乱への同調者に、レバノン南部のシューフ地方のドゥルーズ派▲の名家、マアン家のファフル・アッディーン二世（一五七二～一六三五）がいた。彼もまた私兵を増強すると、トスカーナ大公と密約を結んで勢力拡大をはかった。しかし、中央政府による鎮定の動きを察知し、船出してトスカーナへと亡命した。のちに『トスカーナ亡命記』▲に記述される七年間のフィレンツェ滞在ののち、帰郷をはたした彼は、復権してレバノンやパレスチナの複数の県総督職を兼任する。しかしふたたび離反の動きを疑われ、結局、一六三五年に帝都イスタン

▼**トスカーナ大公国**（一五六九～一八六〇）　トスカーナ地方を領有したメディチ家の大公国。自由港リヴォルノを中心に地中海交易を奨励したフェルディナンド一世（在位一五八七～一六〇九）は、一六〇八年にファフルッディーン二世と密約を結び、イェルサレムの征服を画策した。

▼**ドゥルーズ派**　十一世紀にファーティマ朝カリフのハーキムを神格化し、シーア派のイスマーイール派から分かれた宗派で、歴史的シリアに定着した。

▼**『トスカーナ亡命記』**　亡命には同行しなかったスンナ派学者ハーリディー（一六二四没）が、ファフルッディーン二世や随行員からの伝聞情報をまとめたトスカーナ滞在記。

▼**イルティザーム**　徴税請負。政府は個々の課税単位（ムカータア）の収入を最大限えるため、ムルタズィムに徴税請負権を与えた。十五世紀から部分的実施がみられたが、全面展開は十七世紀にはいってからであり、アラブ地域でも州都でその権利が競売（ムザーヤダ）に付されるようになった。保有期間は通常一～三年

ブルで処刑された。

こうした地方名家の台頭の背景には、帝国の徴税システムの変化があった。イルティザーム▲の権利を占有した有力なムルタズィム（徴税請負人）が地域社会で幅を利かせる時代への移行は、すでに始まっていたのである。

イエメンとイラクの十七世紀

エジプト州総督のスレイマン・パシャ▲がインド洋遠征の帰途、支配の礎《いしずえ》をすえたイエメンでは、北部のザイド派▲の勢いを抑えて十六世紀中葉には州の支配が安定化した。しかし同世紀末以降、イマーム（最高指導者）のカースィムとその子ムアイヤド（在位一六二〇～四四）の時代にザイド派勢力が強まり、一六三五年、オスマン帝国軍は完全な撤退をよぎなくされた。この海の要地の喪失は、帝国のインド洋政策にとって大きな痛手であった。

以後、イエメンではザイド派イマーム政権のカースィム朝（一六〇七頃～一八七二年）の支配がかたまった。首都サナアを中心に絶頂期を現出させたムタワッキル（在位一六四四～七六）は、ハドラマウト▲へと領土を広げ、ムガル帝国の

だったが、一六九五年には東アナトリアやシリアにマーリカーネ（終身徴税請負）が導入され、以後、アラブ諸州にも広がった。

▼スレイマン・パシャ（?～一五四七）　スレイマン一世時代の宦官の有力政治家。ダマスクス州総督、エジプト州総督（一五二五～三五、三六～三八）、大宰相（一五四一～四四）などを歴任。エジプトでは検地を断行して徴税制度を整え、カイロ城にモスクを新設した（表紙参照）。老躯をおして兵数約一万、約七〇隻の大艦隊を率いたグジャラート遠征は、インドの諸勢力との不和もあって失敗に終わったが、帰路にイエメン州の成立という重要な成果をえた。

▼ザイド派　シーア派の初代イマーム（最高指導者）であるアリーの曾孫ザイドを第五代のイマームとみなすシーア派の一分派。法学や政治論の面でスンナ派に近い。

▼ハドラマウト　スンナ派（シャーフィイー派）の支配的なイエメンの東部地方。この地域はインドや東南アジアなどインド洋海域の諸地域への移民を多く出した。

アウラングゼーブ（在位一六五八〜一七〇七）とも交流を深めた。また、その支配下のモカが近世の花形交易品であるコーヒー豆の積出港として急伸し、イスラーム（スンナ派・ザイド派・イスマーイール派）・ヒンドゥー・ジャイナなど宗教的に多様なインド洋西海域の商人たち、さらにはオランダ・イギリス・フランスなどのヨーロッパ商人が集い、競合するクロス・カルチュラルな港市としておおいに繁栄した。

イラクでは、セリム一世時代にモースルを中心に北部の支配が始まり、スレイマン一世のバグダード征服（一五三四年）以降、支配領域は全土へと広がっていった。こうしてペルシア湾に進出したオスマン帝国は、アラビア半島の付け根にハサー（アフサー）州を新設し、ホルムズ島やバハレーン島のポルトガル勢力に対抗した。十六世紀末には、バスラ北方の町ダイルの地方有力者であったアフラースィヤーブがバスラ州の総督職を購入した。同家は強力なアラブ部族のムンタフィク族の族長と婚姻で結びつきながら「地方王朝」化した。ただし、オスマン帝国から離脱することはなかった。一六六八年まで続くこの「アフラースィヤーブ朝」は、イランのサファヴィー朝（一五〇一〜一七三六年）の軍事

▼モカ　紅海南端のイエメンの港。後背地で産するコーヒー豆の交易によって、十六世紀末以降、アデンにかわるイエメンの主要港となり、インドのスーラトとの間を結ぶ海上ルートを幹道として十七世紀後半〜十八世紀初頭に殷賑を極めた。なお、北方へのコーヒー豆輸出をおもに担ったのはモカでなく、北に位置する紅海の港のホデイダとルハイヤであった。近世のモカにはハーンのような公共の卸売施設はなく、一階に倉庫を備える商人の多層階邸宅群が遠隔地交易の場であった。そうしたあり方はインド洋西海域の諸港によくみられた。

▼アフラースィヤーブ（?〜一六二四）　伝説上のイランの敵であるトゥラン（トルコ系諸民族の居住地）の王アフラースィヤーブと同じ名を名乗り、セルジューク朝の末裔とも称したこの地方名士の台頭要因は未解明である。彼の死後、子のアフマド、続いて孫のフサインがバスラ州総督を務めた。とくにアフマドの任期（一六二四〜四五年）はバスラにとって文化的繁栄の時代であった。

介入に抗《あらが》った。そして州都バスラの商圏は、陸路でバグダードを経由してアレッポへ、あるいはイランのシーラーズやイスファハーンへ、海路でインドのスーラトやイエメン諸港へと広がっていた。十七世紀のバスラでは、インド産の各種織物やイエメン産コーヒー豆を輸入し、オスマン帝国の貴金属やイラク特産のナツメヤシなどを輸出するペルシア湾交易が活況を呈した。

　バグダード州では一六二一年、イェニチェリの有力軍人のバクル（一六二三没）が州総督を殺害し、同職への任命を要求した。しかし鎮圧軍に包囲され、バクルはサファヴィー朝に助けを求め、アタバート▲の支配を熱望するこのシーア派王朝によるイラク中部の奪回を導くこととなった。しかしその後、ムラト四世の親征は、四〇日の攻囲ののちにオスマン帝国の支配を復旧させる。こうして一六三九年、ズハーブ条約をもって両大国の国境が画定した。以後、オスマン帝国のイラク支配は、第一次世界大戦まで続くことになる。

　以上のように、動揺の局面もあったが、イエメンを除く東アラブ地域の諸州では、州総督や主席カーディーを中心とした帝国の支配が、十七世紀をつうじ総じて安定的であったといってよかろう。同世紀後半にはキョプリュリュ家に

ムラト四世がバグダードの征服を記念してトプカプ宮殿内に建てたバグダード・キョシュク

▼ムンタフィク族　北アラブのムダル系部族集団。中世からイラク南部に強い勢力を保持し、その一支族がバスラを支配していた時期もあった。十七世紀に大きく台頭し、アフラースィヤーブ家の退場後、一時バスラを支配下においた。十八世紀にはイランやワッハーブ派の勢力に対する軍事力として、オスマン帝国のイラク支配の一翼を担った。

▼アタバート　シーア派（十二イマーム派）のイマーム六人の墓廟が

よる行財政の改革もあり、アラブ諸州の支配はむしろ強化された。その一方でこの世紀には、アラブ各州の主要都市におけるイェニチェリ軍の台頭とその「土着化」の現象もみられた。イェニチェリ軍は流れ者や遊牧民などの雑多な軍事的要素を吸収しつつ肥大化し、また都市の商工民と一体化の傾向を強めて、経済と徴税に大きな影響力をもつようになっていった。

マグリブ諸州の支配

オスマン帝国のアルジェ州は、エーゲ海のレスボス島出身のムスリム海賊兄弟の活躍によって誕生した。ハイレッディン▲とその兄オルチである。トルコ騎士たちを含むその私掠船団は、地中海の中部や西部での活動に精を出し、一五一六年にはアルジェ▲を支配下においた。兄の死後、ハイレッディンがセリム一世に帰順し、その後、スレイマンの治世の一五三三年にアルジェ州が成立をみた。オスマン帝国はモロッコと接する西の最前線にあり、西地中海の最重要拠点であった港町アルジェとその州を特別に重視した。このため当初はアルジェ州の州総督に強い権限を与え、チュニス州と西トリポリ州も統括させた。しか

所在する、ナジャフ、カルバラー、カーズィマイン(バグダードの北西郊外)・サーマッラーの四つの聖地都市。

▼バルバロス(赤髭)・ハイレッディン(?～一五四六)　イェニチェリ軍人の子として、レスボス島に生まれた海洋冒険者。兄とともに西地中海に進出し、ジェルバ島などを拠点に私掠活動を展開し、スペインやハフス朝と争った。一五三三年、オスマン帝国海軍の司令長官(カプタン・パシャ)に任じられ、三八年にプレヴェザの海戦で勝利をおさめた。退役後、イスタンブルで死去。

▼アルジェ　アラビア語でジャザーイル(沖合の「島々」に由来)。フェニキアの交易所として始まり、十世紀にイスラーム政権下の港市として確立。オスマン帝国治下に要塞化され、ハブス(ワクフ)を用いた建設ブームがあり、行政・交易および海賊活動の中心として発展した。イベリア半島を追われたモリスコの流入もあって十七世紀に一〇万人規模の大都市となったが、人口の約一割がイェニチェリで警官や夜警も多く、オ

スマン帝国都市としては例外的に厳格な統制を特徴とした。フランスによるこの要衝の軍事占領(一八三〇年)は、アラブ史上の重大事件であった。

ムラード朝のハンムーダ・パシャの墓廟(チュニス、一六五五年竣工)

し十六世紀末には、このマグリブ三州はおのおの別個の独立採算州となった。

アルジェ州では十七世紀にはいると、海軍および海賊にかわってイェニチェリが優位に立つ体制への変化がみられた。他州と同じく州総督は中央から赴任したが、一六七〇年代以降はデイと呼ばれる最高実力者がイェニチェリ軍を率い、州政治を主導した。そして一七一〇年以降、デイが州総督に任じられるようになった。しかし、帝国のアルジェ州支配はゆらぐことがなかった。同州の支配エリートの母体である州都アルジェのイェニチェリ軍は、十八世紀をつうじてイスタンブルの中央政府との間に強固な結びつきを保ち続けたのである。

港町チュニスを州都とするチュニス州でも、十六世紀以降イェニチェリ軍が台頭した。しかし一六二〇年代には、県総督であったムラード・ベイが実権を握り、この有力軍人が州総督に任じられた。彼はコルシカ島出身の「ヨーロッパ人マムルーク」であった。こうした地中海圏ヨーロッパ人の軍事(解放)奴隷としての活用は、マグリブ諸州の特徴である。以後、ムラード・ベイの家系が王朝化し(ムラード朝)、一七〇二年まで州総督職を独占した。その後、政治の混乱とアルジェ州の軍による越境介入をへて、一七〇五年、チュニス州の騎兵軍を率いるギリシア系軍人のフサインが実権を握り、以後このフサイン家が州総督職を独占して王朝化した。これがチュニジア共和国誕生(一九五七年)まで続いたフサイン朝である。このようにチュニス州では一定の自立性を示す「地方王朝」の支配が続いたが、こうした展開は、州政治の安定に主眼をおいた帝国支配の再編として理解すべきであろう。

オスマン帝国海軍の力で一五五一年に成立した西トリポリ州(現リビアの海岸部)でも、十七世紀にはイェニチェリが台頭したが、その軍事力を掌握する州総督の支配は安定的であった。しかし十八世紀にはいると、イェニチェリの有力軍人たちとアラブ諸部族が勢力争いを繰り広げるようになる。一七一一年、県総督であったアフマド・ベイ・カラマーンリーがアラブ諸部族の勢力を束ねて主導権を握り、時の州総督を殺害した。この事態に、中央政府は恭順の意を示したアフマド・ベイをあっさりと州総督に任じた。以後、彼の家系がカラマーンリー朝として西トリポリ州を支配した。アリー・パシャ(在任一七五四〜九三)の最盛期をへて、この体制は一八三五年まで続く。この時代に要塞化された州都トリポリは港町として成長し、ヨーロッパ諸国との通商・外交関係も深

ハーッサキー・モスク（バグダード、一六五七年竣工）

まりをみせた。

イラクとシリアの十八世紀

十八世紀にはいると、バグダード州でもオスマン帝国の大枠のなかで「地方王朝」の形成がみられた。州総督のハサン・パシャ（在任一七〇四～二四）とその子アフメト・パシャ（在任一七二四～四七）の親子である。二人は合計で四〇年以上も州総督を務めた。ハサン・パシャはグルジア（ジョージア）系のオスマン軍人であった。彼は自らと同じグルジア人をマムルークとして多数導入して軍事力を強化し、南方のバスラ州も支配下において、サファヴィー朝崩壊期のイランの動乱に対処した。アフメト・パシャは、一七三七年のバグダード攻囲など、アフシャール朝（一七三六～九六年）のナーディル・シャーによるイラク侵攻をなんとか食い止め、対イランの「防波堤」の役割をはたした。このアフメトが急死すると、イスタンブルの中央政府は新任の州総督を送り込んだ。しかし、マムルーク出身のアフメトの娘婿が、任地のバスラからバグダードへと攻めあがり、州総督の座をもぎとった。このスレイマン・パシャ（在任一七四

▼ジャリーリー家　十七世紀にモースルに移住したディヤルバクルの商人アブドゥルジャリールを父祖とする都市名家。十八世紀にモースル州の農村や都市の徴税請負権の集積、軍事遠征への支援などをつうじて州都モースルを拠点に台頭した。同家の地域社会における影響力は近代まで残った。

九～六二)を皮切りに、バグダード州では州総督の家門に属するグルジア人マムルークが州総督となるパターンが繰り返され、中央政府もこれを許容した。この「バグダードのマムルーク政権」は、一八三一年まで続く。

イラク北部のモースル州では、州都モースルの商人名家のジャリーリー家▲が市民の支持を集めて台頭し、一七二六年に州総督職を手に入れた。中央政府との良好な関係をうまく保ったジャリーリー家による同職の継承は一八三四年まで続く。十七世紀末を境に、帝国の各地でマーリカーネと呼ばれる終身徴税請負の制度が導入されたが、同家はモースル州の主要なマーリカーネを手中におさめた。メフメト・パシャの時代(一七六九～一八〇六年)に同家の地域権力は頂点に達した。穀物・綿花・虫こぶを産する豊かな後背地をもつモースルは、イランの絹の特産地ギーラーンとアレッポとを結ぶ東西交易の中継都市として栄えた。モースル州はイラク支配の要《かなめ》だっただけでなく、オスマン帝国領クルディスターン(クルド人居住地域)のシャフリズール州をつなぎとめるうえでも重要であった。

十八世紀のシリアで台頭したのがアズム家である。ジャリーリー家と異なり、

ダマスクスのアズム宮殿（一七五〇年竣工）の中庭

シリア北部に軍人名家として登場したアズム家は、当初ハマーの町を拠点とし、ダマスクスへと進出した。同家の当主のイスマーイールは、一七二〇年代にダマスクスの民衆運動の高揚を機にたくみに州総督職を手に入れた。以後、十九世紀初頭まで、アズム家の人々はシリア諸州の総督を担い、帝国の統治の有効な媒体として機能した。同家のダマスクス州総督のスレイマンとその子アスアドは、イェニチェリ軍を掌握して軍事基盤をかため、マーリカーネの集積と穀物の投機で蓄財し、州都に豪奢《ごうしゃ》なアズム宮殿をかまえた。アズム家はハッジ巡礼団の往還を守護するダマスクス州総督の重責をはたし、中央政府の厚い信頼をえたのであった。

以上のように十八世紀には、帝国中央部に隣接していたシリア諸州とモースル州で、地方の有力名家による州総督職の長期的な占有という現象がみられた。

なお、前述のダマスクスのハッジ巡礼団には、アナトリアやバルカンからの巡礼者が多数含まれていた。ダマスクス法廷の遺産記録（一六八六～一七一七年）に関する研究によれば、出身地の判明した一一四人の外来巡礼者のうち、七〇人がアナトリア、三七人がイスタンブルを含むバルカンの出身者であった。後者のなかには、遠くボスニアやベオグラードからメッカをめざした巡礼者たちもいた。

カーズダグリーヤの台頭

同時期のエジプト州では、イェニチェリ軍内部に生まれた軍事集団のカーズダグリーヤ（カズダールラル）が重要である。カーズダグリーヤの名祖は、イェニチェリ軍のカトフダー（副団長）として権勢をふるったムスタファー・カーズダグリー▲である。その従者（タービウ）のハサンがこの軍事集団のリーダーの後継者となり、同様にカトフダーとしてイェニチェリ軍を牛耳った。さらに、このハサンの従者出身でやはり副団長となったウスマーン・カトフダー（一七三六没）の時代になると、カーズダグリーヤがエジプト州政治の全体に大きな影響力を行使するようになった。一七三〇年代前半のことである。

ウスマーン・カトフダーはマーリカーネ（終身徴税請負）の権利を集積し、紅海交易に積極的に関与して富裕化した。イエメンのコーヒー豆の交易で巨万の富をなし、近世アラブ地域随一の豪商として知られるシャラーイビー家とも親

▼ムスタファー・カーズダグリー（一六一〇年代?〜一七〇四）　本人または家系の起源が北西アナトリアのカズ山にあったとみられるエジプト州のイェニチェリ軍人。カーズダグリーヤの名祖。おそらくはアナトリアからカイロへ移住し、当地のイェニチェリ軍で昇進を重ねて副団長（カトフダー）の要職に就き、同軍を実質的に掌握し、エジプト州の最有力軍人の一人として生涯を終えた。

▼イブラーヒーム・カトフダー（?〜一七五四）　出身地不明。ムスタファー・カーズダグリーの従者であるスライマーン・ジャーウィーシュの従者から頭角をあらわし、紅海地域で活躍したのち、イェニチェリ軍の副団長に就任してカーズダグリーヤの領袖となった。一七四八年、アザブ軍副団長のリドワーン・カトフダーとともにエジプト政治の実権を掌握した。アリー・ベイは彼の従者であった。

▼**アブドゥッラフマーン・カトフダー**（一七一五〜一七七六）　ムスタファー・カーズダグリーの従者からカーズダグリーヤの領袖となったハサン・カトゥダーの子。カイロ生まれ。一七四〇年にカーズダグリーヤの領袖になるが、まもなく失脚。イブラーヒーム・カトフダーの時代に復活し、実権を握るが、支援して押し上げたアリー・ベイによって結局は放逐され、晩年の一〇年あまりをメッカで過ごした。

アブドゥッラフマーン・カトフダーのサビール・クッターブ（カイロ）

密であった。彼はカイロ西部のエズベキーヤ地区に豪邸をかまえ、周辺にモスク・ハンマーム（公衆浴場）・商業施設を築き、慈善事業にも熱意をそそいだ。

続く十八世紀中葉のイブラーヒーム・カトフダーやアブドゥッラフマーン・カトフダーの時代に、前述したベイの二大派閥の争いの勝者のフィカーリーヤがついに一掃され、カーズダグリーヤのエジプト支配が定まった。中央政府の任じた州総督ではなく、カーズダグリーヤの実力者が州の最高支配権（リアーサ）を握るようになった。また、当初アナトリアの自由身分出身の軍人が中心だったカーズダグリーヤにも、バグダード州と同様にグルジア人マムルークが多数導入されるようになった。サファヴィー朝崩壊以後、それまでイランに吸引されていたグルジア人マムルーク（サファヴィー朝ではゴラーム）がアラブ地域に大量に出回るようになり、遠地のエジプトでも彼らが幅を利かせるようになったのである。

ザーヒルとアリー・ベイ

十八世紀のアナトリアやバルカンでは、アーヤーンと呼ばれる地方名士たちの台頭がみられた。彼らはマーリカーネの集積や商品作物の生産に特化したチフトリキ▲の経営を基盤に、各地で一円的な地域支配を実現した。アラブ地域のアーヤーンとして注目すべきは、サイダー州▲のガリラヤ地方の有力家系、かつてはアラブ遊牧民であったザイダーニー家のザーヒル（ダーヒル）・ウマルである。マーリカーネを集積した父のあとを継いで村長となったザーヒルは、アナザ族▲に押し出されてガリラヤ湖西のこの地域に流入してきたアラブ遊牧民の諸部族を配下に加え、北のサファドや南のナーブルスへの襲撃を繰り返した。この越権行為はアズム家のダマスクス州総督スレイマンによる討伐をまねく。しかし、ザーヒルはこの難局を切り抜け、その後、西へと勢力を拡大した。一七四五年にはアッカーの徴税請負権を独占し、この地中海の港市の支配者となり、自らの中心拠点とした。中央政府は「アッカーのシャイフ」という称号を授与し、容認して取りこもうとした。

十七世紀末以降、サイダーやアッカーの港ではマルセイユの商人たちによる綿花の買いつけが活発となった。十八世紀前半には、アッカーに居留するフランス商人がガリラヤ地方の村長たちから前金払いで大量の綿花を購入するよう

▼チフトリキ　もともとは農家が一対の役畜を用いて耕す小農地を意味したが、十八〜十九世紀のオスマン帝国では、おもにアーヤーン（地方名士）が徴税請負・金貸し・開拓などの手段で集積した土地からなる大農場を指した。

▼サイダー州　ダマスクス州の一部を分離させるかたちで一六六〇年に確立したシリア第四の州。サイダー・ベイルート県とサファド県からなっていた。

▼アナザ族　北アラブのラビーア系部族集団。十七世紀後半以降、アラビア半島の当該集団に移住の動きがみられ、一六六〇年頃に半島内奥にいた一集団（ウトーブ）がペルシア湾方面に移住した。その一部が現在のクウェート首長のサバーフ家やバハレーン首長のハリーファ家である。遅れてシリア方面に進出した一集団には、十八世紀中葉の気候不順・飢饉とワッハーブ派の勢力拡大でアラビア半島から押し出された第二波が加わり、十八世紀末にシリア最強のベドウィン勢力となった。

になった。フランスの需要増によるパレスチナ北部の綿花栽培の拡大が、徴税請負の「元締め」となったザーヒルの成功を導いたのである。ザーヒルはアッカーの都市施設や港湾を整備し、諸宗派に対して寛容な姿勢を示して人気を集めた。南シリアの地中海交易が拡大するなか、後述するアラブのキリスト教徒移民を吸い寄せたアッカーは、十八世紀後半にはシリアでもっとも栄えた交易港へと発展した。ザーヒルはアッカー周辺の五つの村をチフトリキとして開発し、商品作物の綿花の売却拒否や価格操作によってフランスの商人たちと互角以上にわたりあった。

このザーヒルの盟友で、いちだんと野心的だった人物がエジプトのアリー・ベイ(一七七三没)である。「雲をつかむ男(ブルト・カパン)」と呼ばれたグルジア人マムルーク出身のアリーは、前述のアブドゥッラフマーン・カトフダーのあとにカーズダグリーヤの領袖《りょうしゅう》となった。自らのマムルーク軍を増強してエジプト州の実権を握ったアリーは、一七六〇年代後半にはイスタンブルの中央政府に挑戦的な態度をとるようになった。彼は紅海方面に派兵して両聖地を含むヒジャーズを実質的な支配下におき、ジェッダ港を整え、インド洋交易を重視

▼露土戦争(一七六八～七四年) ポーランドの王位継承問題を発端に起こったオスマン帝国とロシア帝国の戦争。一七七四年のキュチュク・カイナルジャ条約で、オスマン帝国はクリム・ハーン国の独立と黒海・エーゲ海におけるロシアの自由航行権の承認に加え、多額の賠償金を支払った。同条約は「東方問題」の起点となり、以後、ロシアや西欧の列強の干渉や介入が深刻化した。

十八世紀中葉のアレッポ(アレクサンダー・ドランモンドの旅行記の挿絵)

する姿勢を示した。そして一七七〇年の末、ついにシリアへの軍事侵攻に踏みきった。

かつてのマムルーク朝の領土の再現をめざしたアリー・ベイの動きは、露土《ろと》戦争▲という大状況を利用しての公然たる反乱であった。アリーは敵国ロシアのエカチェリーナ二世(在位一七六二～九六)と手を結んだ。そして実際にシリア遠征を率いたのは、アリーのマムルーク出身で義弟となったムハンマド・ベイ、通称アブー・ザハブであった。軍才に恵まれたこのグルジア人の司令官はダマスクスをまもなく陥落させた。しかし、スルタンの反徒となることへの畏《おそ》れ、上エジプト・ヒジャーズ・シリアと次々に遠征を命じたアリーに対する不満の鬱積《うっせき》などから、一〇日間の占領ののちにエジプトへと撤退してしまう。こうして、アリー対アブー・ザハブの主従対決へと展開する。アブー・ザハブの上エジプトへの退避、アリーのパレスチナへの脱出などをへて、結局カイロでの再戦に臨んだアリーを一七七三年に敗死させ、アブー・ザハブがエジプト州の実権を確保した。

末期のカーズダグリーヤ

アブー・ザハブはアリーの基本路線を踏襲しながらも、とだえていたイスタンブルへの送金を復活させ、恭順の意を示して巧妙に自立化への道を模索した。彼はアリーと異なり、イスラーム諸学の保護者、公正な為政者であることを強調した。しかしその裏で、アリー同様にヨーロッパ勢力との結びつきも深めていた。一七七五年、アブー・ザハブはシリアへの勢力拡大の野望から、アリーの盟友ザーヒルの討伐を唱え、軍を率いて港町アッカーへと攻め込んだ。しかし、そこで病死してしまう。

アブー・ザハブの死は中央政府にとっては朗報であった。しかし、彼のマムルーク出身のムラード・ベイ▲とイブラーヒーム・ベイ▲が主君の野心を受け継ぐ。カーズダグリーヤの自立化への策動がやむことはなかった。一七八四年に二頭支配を実現したムラードとイブラーヒームは、イスタンブルへの送金を絶つ。これに対して一七八六年、大宰相のハサン・パシャが大軍とともに海路エジプトへと乗りこみ、彼らを上エジプト方面に追いやり、中央による支配の再構築に努めた。しかし、対ロシア戦の再燃でハサン・パシャはエジプトを離れ、一

▼ムラード・ベイ（?〜一八〇一）　トビリシ近郊の農家の出身。略取され、売買されてアブー・ザハブのマムルークに。主君の死後その妻と結婚し、巨万の富を手に入れた。豪胆で冷酷なその統治手法は民の義憤の対象ともなったが、アムル・モスクの修復など慈善に注力する一面もあった。フランス占領軍への投降にさいしてペストで病死し、上エジプトのソハーグに埋葬された。

▼イブラーヒーム・ベイ（?〜一八一六）　幼名アブラム・シンジカシュヴィリ。トビリシ近くのマルトコピ村で生まれ、盗賊に略取され、マムルークとしてエジプトへ。同州のベイとなって巡礼長官、財務長官などを歴任。実権を握ると、丘の上の教会にかよえない故郷の老母のため、教会新設の資金を寄付した。フランス占領期にはシリアに逃れ、ムハンマド・アリー政権の成立後は上エジプトからヌビアへと移住し、ドンゴラで農耕に従事して生涯を閉じた。

▼**ワッハーブ派**　指導的学者のイブン・アブドゥルワッハーブにちなむ俗称であり、自称はムワッヒドゥーン(一神教徒たち)。スンナ派の法学派としてはハンバル派に属し、その再活性化を促した。

七九一年にはムラードとイブラーヒームの二頭支配が復活した。

アイスランドのラーホの大噴火を主因として、この頃ヨーロッパでは農業危機が起こっていた。エジプトもまたこの時期に、農業・食糧危機、さらには伝染病の猖獗《しょうけつ》や通貨危機という社会経済の動揺を経験していた。こうしたエジプトの危機の原因を「マムルークの圧政」によるものと断じ、そこからの解放を唱え、突如として来襲したのが、ナポレオン・ボナパルト(一七六九～一八二一)率いるフランス軍であった。

この危機の時代に、オスマン帝国のアラブ地域支配にはもう一つの「外圧」があった。ワッハーブ派▲の第一次サウード朝(一七四四～一八一八年)の来襲である。アラブ部族を軍事主体としたこのイスラーム純化主義的な運動は、アラビア半島内奥のナジュドから勢力を広げ、ハサー州やイラク南部のオスマン支配に挑戦した。そして、サウード朝の支配領域は十九世紀初頭にメッカとメディナの両聖地にまでおよんだ。こうして、オスマン帝国スルタンの「ハーディム・アルハラマイン」としての立場が激しく揺動することになったのである。

②—近世アラブ都市とワクフ

アラブ都市の多様性

この時代のアラブ社会について考察するさいには、さまざまな視点がありうる。この章では都市の施設と、それを支えるイスラームの寄進財産制度である「ワクフ」に照準を合わせ、史料情報が集中している都市(アラビア語でマディーナ)という場の解読を試みよう。

ワクフとは、「所有権の移転の停止」を意味する。ワクフの設定者(ワーキフ)は私財を投げうち、それが「神の財産」であると宣言し、そこからの収益(賃貸収入)を用いて、イスラーム法にかなったかたちで「永久に」慈善をおこなう。イスラームの喜捨《きしゃ》には、五行の一つで義務であるザカートと、任意の喜捨であるサダカ▲があるが、ワクフは後者の一形態とされ、「サダカ・ジャーリヤ(永続的サダカ)」とも表現される。実際には長続きしない場合もあり、ワクフの「解消」や「交換」も可能だったが、設定者は自らの死後、現世(ドゥンヤー)の終わりまで寄進による慈善が続くことを願い、最後の審判で秤にかけら

▼サダカ　イスラーム教徒の重要な義務であるザカート(定めの喜捨)に対し、任意の喜捨を指す。サダカはイスラーム社会で個々人の善行として活発に実践され続けてきた。サダカの対象は貧者に限定されないが貧者に与えたほうがよく、遠くに住む人よりも隣人や家族・親族を優先したほうがよいとされる。ザカートと異なり、サダカはズィンミーを対象に実践してもよい。ワクフとは、喜捨主体の死後もその実践が継続されるかたちのサダカである。

れる善行を増やし続けることを希求して、「独立運営体」であるワクフを新設したのである。

財を生むワクフ物件（ワクフ財）とワクフ対象（人や施設）からなる個々のワクフには、経営責任を負う管財人（ナーズィル）が必要である。通常は設定者が管財人をかね、自身の死後の管財人職の継承について細かく指定した。子孫を管財人や受益者に指定すれば財産の一部を手堅く継承させることができる点も、十一世紀以降十九世紀にいたるまで、ワクフ設定が流行し続けた一因であった。このようにワクフは、イスラームという一神教の世界観に根ざした寄進行為であった。設定者には物心両面の利点があり、また都市の形成や充実に多大な役割をはたした。そして、ワクフの設定時には設立文書（ワクフィーヤ）が作成され、その合法性を確認する必要があり、その役目を担ったのがイスラーム法廷であった。

近世のアラブ都市の人口規模は、数千から数十万まで大小さまざまであった。地理環境についても、標高二〇〇〇メートルをこえるサナア（現イエメンの首都）のような高地都市、アジュルーン（現ヨルダン）のような丘陵都市、預言者ムハンマドの町メディナのような沙漠のオアシス都市、バグダードやアスワンのような大河流域の河岸都市、ベイルートやアレクサンドリアのような海港都市、ナイルデルタのブルッルスのような湖岸都市など多彩であった。また、都市はいくつも機能を兼備していたが、代表的な機能に注目すれば、マラケシュのような首都、アレッポやアスユートのような隊商都市、メッカ・イェルサレム・カルバラーのような聖地都市、ダマスクスやジェッダのような巡礼路都市、ナーブルス(パレスチナ)やマハッラ・クブラー(エジプト)のような手工業都市、その他、学術都市、行政都市、農耕地帯の小市場町など多様であった。アラブ都市は市壁をもつ場合ともたない場合があり、人口増のため囲壁の外へ市域があふれでることもあった。そして、諸都市は周辺村落との間に有機的な社会・経済関係を保ち、それぞれの時を刻んでいた。

都市構造の特徴

近世のオスマン帝国では、市場経済の発展を背景として、諸都市が成熟を重ねていった。近世アラブ地域の代表的な大都市であったカイロ・アレッポ・ダマスクスでは、市壁の外への市街地化が進み、十八世紀の市域は十六世紀に比べてそれぞれ約五〇％も拡大した。十六世紀に着実に人口を増やしたカイロは、帝都イスタンブルにつぐ帝国第二の巨大都市であった。正確な統計は望めないが、その十七世紀後半および十八世紀前半の人口は、ブーラーク▲とフスタート▲の両河港を含めると三五〜四〇万程度と推計される。それは、例えば当時のパレスチナ全域の推定人口を上回る数であった。また、この時代に人口約一〇万の大都市へと急成長したアルジェでは、フロンティア特有の安全上の理由もあって、市壁内部に市域が限定され、都市空間の高密度化が進んだ。

ここでレイモンの所論に則してあえて単純化していえば、アラブ都市は、開放性が高く、公的性格の色濃い商工業地＝「中心」と、迷路性や閉鎖性が高く、私的性格の強い住宅地＝「周辺」からなっていた。巨大なカイロの場合は、カサバ▲と呼ばれた第一の「中心」に加えて、ズワイラ門外からカイロ城の下へといたる界隈、イブン・トゥールーン・モスクの周辺、ナイル河港のブーラークなど複数の「副中心」も存在し、多核的な複合構造をなしていたのである。「中心」には、常設店舗の集合体で基本的に業種別編成のスーク（市場）やスワ

▼ブーラーク　マムルーク朝前期にナイル川のカイロ付近の流路が西に変化して生まれた港。十五世紀以降、デルタ諸都市と深く結びつくカイロの主要港として繁栄した。オスマン帝国期をつうじて商業関連施設の充実に比して宗教建築に乏しい都市空間であった。

▼フスタート　イスラームの大征服にさいし、エジプトの支配拠点のミスル（軍営都市）としてつくられた。ファーティマ朝期には、その北東に「聖都」として新設されたカーヒラに対し、インド洋と地中海を結ぶ国際的商都として繁栄を極めた。カーヒラとの一体化が進み、マムルーク朝期・オスマン帝国期には小麦、サトウキビなど上エジプト産品の荷揚港として機能した。

▼カサバ　マグリブにおいてカサバ（カスバ）はもともと「要塞」を意味したが、チュニジアからエジプトへと移ったファーティマ朝が建設した「聖なるイマーム」の都カーヒラでは、東西両宮殿の間の中央広場（バイナルカスライン）から北のフトゥーフ門、南のズワイラ門へと延びる

イカ(小スーク)、遠隔地・卸売交易の拠点である商館が建ち並び、また、集会モスク・マドラサ・スーフィー修道場などの宗教・教育施設や病院も多くみられた。そして、カイロのアズハル・モスクやフサイン・モスク▲、ダマスクスのウマイヤ・モスク▲、アレッポの大モスク▲、チュニスのザイトゥーナ・モスク▲といった中枢的な大モスクも聳《そび》え立ち、イスラームの宗教活動の中心機能を担っていた。

他方、「周辺」には、住民が隣近所との親密な交流とともに家庭生活をいとなむ諸街区が広がっていた。街区は、カイロやダマスクスではハーラ、アレッポやイラクの都市ではマハッラ、マグリブ都市ではハウマなどと呼ばれた。都市によって街区の地縁的結合に強弱はあったが、ジグザグの小道や袋小路が織りなす各街区の空間的個性がそれぞれの住人に安心感をもたらした。レイモンの試算では、当時のカイロの商工民は「周辺」の自宅から「中心」の職場まで、平均で五〇〇メートル程度歩いて通勤していたという。そして、商業中心地の「中心」から離れるほど経済的下層の居住地となる傾向はあったが、十八世紀のカイロでは州の支配層、富裕な商人(タージル)、有力なウラマーやスーフィ

「最大の通り」がカサバと呼ばれるようになり、その呼称はカーヒラ中心部の目抜き通りを指す語として中世・近世をつうじて用いられた。

▼フサイン・モスク　預言者ムハンマドの孫フサインの墓廟を内包するカイロ中心部の大モスク。ファーティマ朝君主の聖なる東大宮殿の一角であった地点に所在する。一一五三年、フサインのものとされる頭骨がパレスチナのアスカラーンから運び込まれ、聖廟が形成された。近世にここを中心にフサインの生誕祭(マウリド)が活性化した。

▼ウマイヤ・モスク　八世紀初頭にウマイヤ朝ワリード一世が洗礼者ヨハネ教会の所在地に創建した、ダマスクスの中枢的モスク。イスラームの預言者でもある洗礼者ヨハネの墓廟、イエス降臨の場所と目されたミナレットなどを備え、中世・近世をつうじて聖域・参詣地としての性格をもつ施設だったが、教育研究の場としても重要であった。

ー教団長の大邸宅が、「中心」から離れた西部のエズベキーヤ池など風光明媚《めいび》な水辺に建ち並ぶようになった。実質的な権力中心をかねた「高級住宅街」の形成である。

　また、宗派によるゆるやかな空間的住み分けもみられた。カイロでは金融センターとして機能したサーガ▲とヴェネツィア人などヨーロッパ人の居留区との間にユダヤ教徒の街区があった。市内には七カ所のコプト教会キリスト教徒の街区もあったが、異なる宗派の人々が混住する街区もめずらしくなかった。また、言語集団に注目すれば、出身地や言語(口語)文化を同じくする外来者たちが集住する傾向もみられた。帝国の中心部からきたトルコ語の話者たちはハーン・ハリーリー界隈に、シリアの口語アラビア語の話者はジャマーリーヤ界隈に、同じアラビア語でもカイロの口語とは大きく異なるマグリブ方言を話す人々はイブン・トゥールーン・モスク界隈に、といったように。しかし、マイノリティが特定地区に押し込められていたわけではない。生活・宗教上の便宜から集まって暮していたのである。時にはもめごともあったが、イェルサレムも含めて近世アラブ都市の社会は、基本的に多文化共生型の開かれた「複合社

▼アレッポの大モスク　八世紀初頭にウマイヤ朝カリフによって建立され、中世をつうじて大幅な増改築が加えられた、アレッポの中枢的モスク。洗礼者ヨハネの父で、イスラームの預言者の一人でもあるザカリア(ザカリーヤー)に帰される墓廟を内包し、モスクの中心部は聖域としての性格をおびていた。シリア内戦で激しく破壊された。

▼ザイトゥーナ・モスク　ウマイヤ朝期に創建され、ハフス朝などが増改築をほどこしたチュニスの大モスク。スペインによる侵略(一五三四年)などで一時衰退したが、オスマン帝国期にはワクフを集めて復興し、フサイン朝の保護下にチュニス州随一の高等教育施設となった。

▼サーガ　金銀細工業者(サーイグ)の複数形で、金銀スークも指す。サーガは金融・両替業務の中心としても機能した。その立地は、アレッポ・ダマスクス・アルジェでは中枢的モスクの近くだったが、バグダード・チュニス・カイロでは離れていた。カイロの場合、サーガは織物スークのグーリーヤへといたる「経済中枢域」の北の一角にあった。

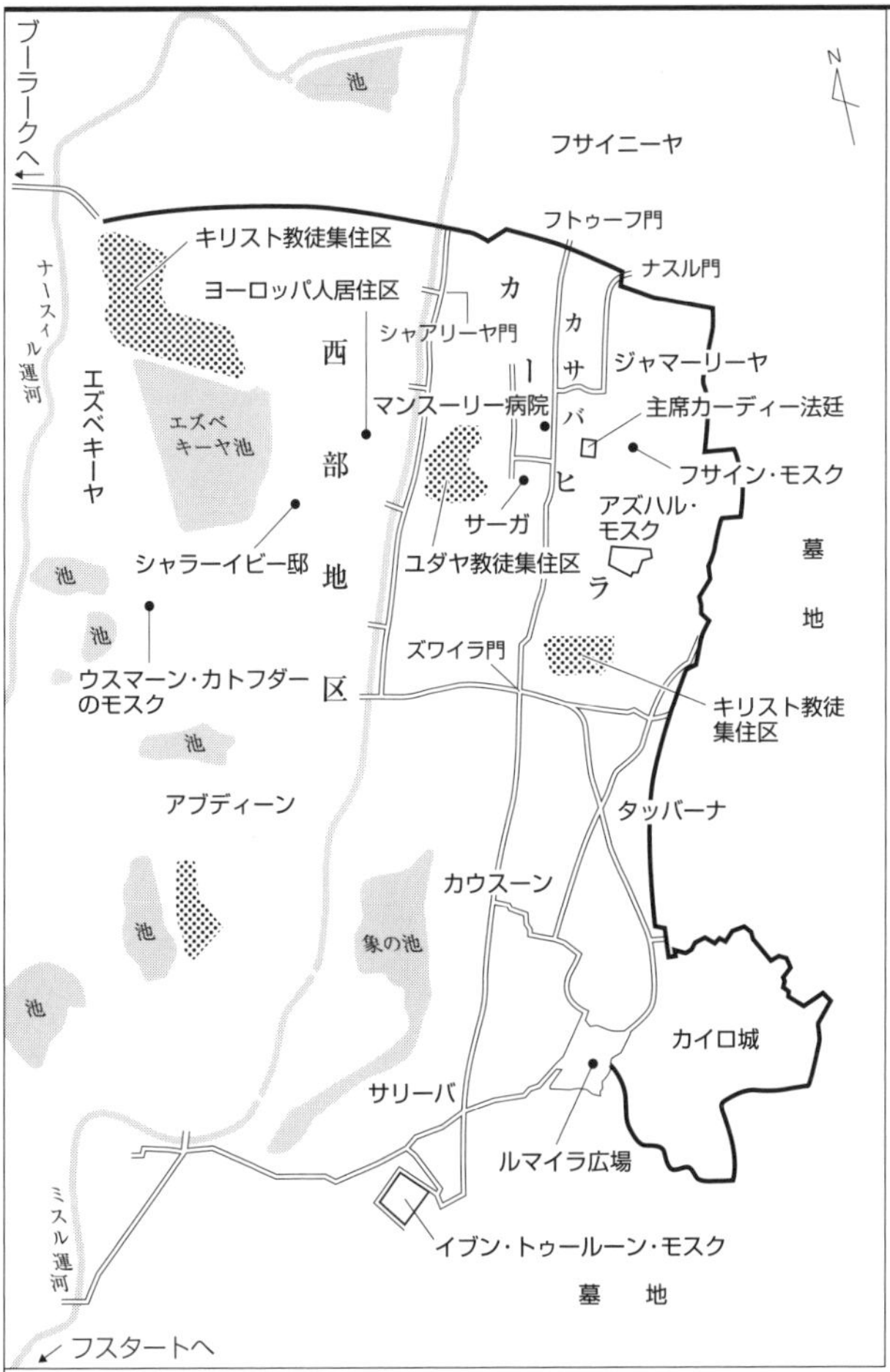

●オスマン帝国期カイロの市街図　カイロ城は、カイロ南東部の墓地であった小高い丘にアイユーブ朝のサラディンが定礎し、マムルーク朝期にナースィル・ムハンマド一世モスク、公正の家(マザーリム法廷所在地)の建設など整備されていった大城塞である。十三世紀から十九世紀中葉までエジプト統治の中心拠点であった。カイロ城は南北二つの区画に分かれ、オスマン帝国期には南区画に州総督府、北区画にイェニチェリ軍本部、南区画とルマイラ広場の接合域にアザブ軍本部があった。

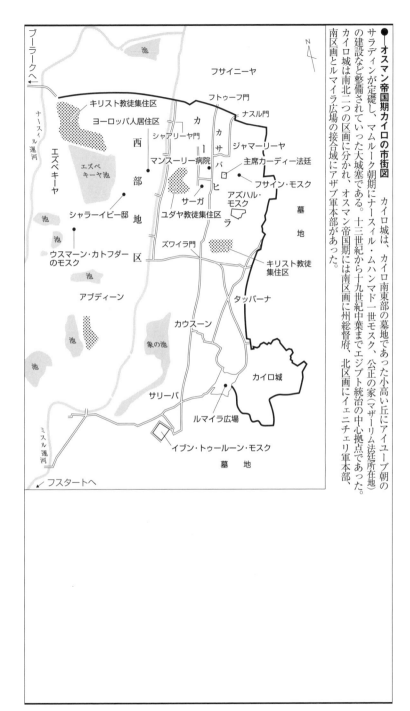

会」だったといってよいだろう。

宗教・教育施設

エジプトやシリアの中規模以上の諸都市には、中世のアイユーブ朝やマムルーク朝の時代にモスク・マドラサ（学院）・マクタブ（初等学校）・スーフィー修道場が次々と建てられた。十四世紀以降、それらはしばしばいくつも機能をかね備えた複合宗教施設のかたちをとり、ワクフのシステムで運営された。オスマン帝国期にはいるとマドラサが衰退したともいわれてきたが、新設されたマドラサもあり、引き続き高等教育の機能を維持したマドラサも少なくなかった。また、カイロのアズハル・モスクのように、モスクの教育機能が明らかに強化された例もみられる。十六〜十七世紀には州総督によって、十八世紀には軍人・官人・商人の有力者たちによって、新たな宗教・教育施設が都市空間につけ加えられた。それらは、後述する「福祉」の施設とともに、都市空間のイスラーム的色彩をさらに濃厚なものとした。また、鉛筆型のミナレットをもつオスマン様式の建築物の増加は、アラブ都市の景観の「オスマン化」を促した。

オスマン帝国期のシリアとイラク（十七世紀初頭）

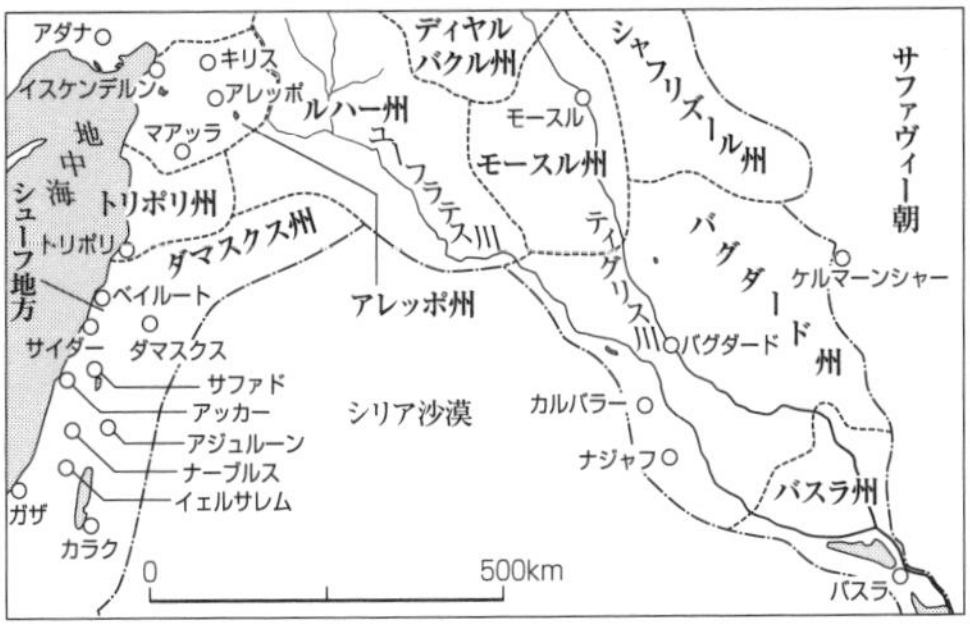

アラブ地域の東部の州都では、十六世紀を中心に州総督たちの宗教施設が続々と出現した。アレッポの中心部では一五四〇〜八〇年代にかけて、四人の州総督がモスクを建設し、その周囲に賃貸収益を生むワクフ物件である多数の商業施設を配して、都市形成を加速させた。このうち一五五五年にムハンマド・パシャが建てたアーディリー・モスクの西側には、三つの商館が新設され、そのなかで最大の商館の敷地面積は五五〇〇平方メートルにも達した。三つの商館の周辺には総店舗数一五七におよぶ四つのスークが配され、これらのワクフ諸物件は同モスクの運営を支え、商業活動の場としてこの隊商都市の経済発展に寄与した。

ダマスクスには、セリム一世のイブン・アラビー廟のモスク（一五一八年竣工）やスレイマン一世のタキーヤ（スーフィー修道場、トルコ語でテッケ）のような、「帝立」の宗教施設も建てられた。後者は、一五五〇年代末に市壁の外に完成した。ワクフの受給者の導師二人とスーフィー二〇人のための修道場に加え、大きな集会モスク、ハナフィー派法学の研究教育の場であるマドラサ、イマーレット（給食施設、アラビア語でイマーラ）や宿泊施設、アラスタ（商業施設）

からなる施設複合体であった。設計者は、帝国各地に数多くの傑作を残したミマル・スィナン(一五八八没)である。スィナンはかつて、セリム一世の征服軍に帯同してダマスクスにきたことがあったが、この施設複合体の建設のさいに現場に立ち合うことはなかった。

注目すべきはその建立場所である。そこは、バイバルス一世▲が建造し、最期をむかえたアブラク宮殿の跡地で、さらに、セリム一世が遠征の帰途に長逗留した場所でもあった。「アブラク」はマムルーク朝独特の横縞模様の壁面を指す。この施設複合体の一部をなす大モスクは、基本的にオスマン様式の建築だが、アブラク宮殿の壁を再利用したものであった。スルタンのスレイマン一世は歴史的記憶を帝国支配の新たな空間表現に援用しながら、ダマスクスの市壁外のメッカ巡礼道の上にこの施設を位置づけた。それは、聖地巡礼の保護を重視する「両聖地の僕《しもべ》」の姿勢を明示した施設でもあったのである。

複合宗教施設——アブー・ザハブ・モスクの場合

この時代の宗教・教育施設の一例として、前述した実力者の軍人アブー・ザ

▼バイバルス一世(在位一二六〇〜七七)　バフリー・マムルーク朝第五代スルタン。キプチャク草原の出身。十字軍諸国家やイル・ハーン朝(フレグ・ウルス)との戦闘に明け暮れた代表的な「英雄」のスルタン。カイロにおけるアッバース家のカリフの擁立、スンナ派四法学派の公認などマムルーク朝体制の礎を築いた。

ダマスクスのスレイマン一世のタキーヤ

アブー・ザハブの複合宗教施設(右)**とヒュッレムのイマーレット**(左)

▼ムワッキト　礼拝時刻の管理を担うモスクの計時係。十三世紀以降、エジプトやシリアなどでモスクの職として定着し、例えばウマイヤ・モスクのムワッキトだったイブン・シャーティル(一三七五没)のように、優れた天文学者がこの職に就くこともあった。

ハブがカイロの中心部、アズハル・モスクの近くに新造した大規模な施設を少し詳しくみてみよう。「アブー・ザハブ・モスク」として現存するこの建築物は、モスク・マドラサ・タキーヤの各部分から構成された複合宗教施設であった。

アブー・ザハブはその威力をもって国有農地をワクフ地に変え、十六世紀の州総督スィナン・パシャが設けたワクフ物件だったブーラークの商業施設を、九〇年間におよぶヒクル(長期賃貸借)の手法で自ら新設したワクフに強引に取りこみ、運営資金を生むワクフ物件をそろえた。また、施設用地とそこにあった多くの建物を購入・交換・長期賃借といった方法で獲得すると、それらを壊し、更地《さらち》にした。

こうして建てられた複合施設の中核はマドラサにあり、教授一六人、助手一八人、正規の学生一六四人に手当や小麦が支給された。モスクの部分で働くイマーム(礼拝指導者)・ハティーブ(説教師)・ムワッキト▲・司書・門番・用務員・ランプ係・用水係・大工などにも同様の支給がなされた。複合施設全体の人件費の年間総額は莫大なもので、小麦の支給を除いてニスフ銀貨▲で一六六万枚以

▼ニスフ銀貨　近世のエジプトとシリアで流通した銀貨でパラともいう。起源はマムルーク朝のムアイヤド(在位一四一二〜二一)が鍛造した銀貨にあった。十七世紀までバルカンやアナトリアはアクチェ銀貨圏だったが、チュニス州でハフス朝以来の方形のナスリー銀貨、イラクでイラン系のシャーヒー銀貨など、複数の「地域銀貨圏」の並存がアラブ諸州では容認されていた。十八世紀前半のカイロでは切削されたニスフ銀貨(マカースィース)の流通が経済危機を引き起こし、通貨政策の改善を州総督に求める市民の抗議行動が頻発した。

上にも達した。施設の図書室も充実していた。アブー・ザハブは、貴重なクルアーン(コーラン)本に加えて、スンナ派法学などに関する宗教書を中心に一〇〇〇冊以上の写本を用意した。写本が紛失した場合は、司書が自ら弁償すると定められていたので、図書管理は厳格だったに違いない。

この時代の大規模な宗教施設について注目すべきは、アラブ諸州の支配層や富裕層がカイロのアズハル・モスクやダマスクスのウマイヤ・モスクのような中枢的大モスクを対象として、増改築を重ね、大小のワクフを次々に追加していったという点である。一例をあげよう。前述のカーズダグリーヤのアブドゥッラフマーン・カトフダーは、建設事業に並はずれた熱意をそそぎ、一四のモスク、七つのサビール(給水所)、六つの聖者廟、二つの橋、一つの病院を増改築または新築した。彼は上記のモスク以外にアズハル・モスクを重視し、そこに壮麗な西門を造り、マドラサを新築し、モスク(礼拝所)を拡張し、上エジプト出身者の学生寮を改築し、独自のワクフをつけ加えた。このような篤信と政治的・社会的意図にもとづく諸個人の慈善行為の集積によって、近世アラブの大都市の筆頭的な大モスクは、学術・教育・宗教の諸活動において別格の地位を占めるようになったのである。

「福祉」の施設

ワクフ物件からの収益は病院や給食施設など、今日の視点でいえば「福祉」を担う都市の諸施設の活動にも役立てられた。例えば、十三世紀末に建てられたカイロのマンスーリー病院は、男女別の診療・入院棟を備え、無料の往診医療の拠点でもあった。この「中央病院」の医療活動は、オスマン帝国の治下にも力強く続けられた。一八三四年にいたっても、そのワクフは年間支出額が二二〇万ニスフをこえる莫大な財力を保持し、この大都市のイスラーム的な慈善医療をしっかりと支えていた。

オスマン帝国の諸都市では十四世紀以降、貧民救済の事業拠点として、イマーレットも建てられた。イェルサレムにも一五五二年にイマーレットが新設され、その設立者はスレイマン一世の愛妃ヒュッレム・スルタンであった。それは、帝室の女性の手になる「永続的サダカ」であったが、このイスラーム第三の聖地を舞台としたスレイマンの事業、すなわち市壁の強化、給水システムの

▼岩のドーム　イェルサレムの聖域（ハラム・シャリーフ）にあり、ムハンマドの昇天（ミウラージュ）の舞台とされる巨岩を中心に内包し、華麗なモザイクの内装をもつ八角形プランのドーム建築。ウマイヤ朝カリフのアブドゥルマリク（在位六八五〜七〇五）が建設。「第二のソロモン」を自称するスレイマン一世は、銘文もはいったイズニク産タイルの装飾を外面に施すなど、七年をかけて大規模改修をおこなった。

整備、岩のドーム▲やアクサー・モスクの修改築とも連動していた。オスマン帝国スルタンの聖地政策の一環をなしてもいたのである。

聖墳墓教会近くのこのイマーレットは、イスタンブルのメフメト二世やスレイマン一世のイマーレットには見劣りした。しかし、調理場・食堂・貯蔵庫・薪小屋・便所のほかに五五の居室、小モスク・商館・厩《うまや》を備え、聖地の中心部でめだつ施設複合体であった。そこには一五五七年の時点で、施設長を筆頭に料理長・料理助手・パン職人・製粉係・食膳係・皿洗いなど計四七人のスタッフが雇われていた。朝には米・ヒヨコ豆・玉葱・バター油のはいったスープとパン、夜には同様の具がはいったクミン風味のブルグル（乾燥挽割《ひきわり》小麦）のスープとパンが供された。巡礼・商人宿の機能もあったが、宿泊者や施設スタッフに加えて、四〇〇人の「貧民・困窮者・弱者・貧乏人」が毎日の無料給食の対象者であった。この活動を資金面で支えるワクフ物件には、イェルサレム・ガザ両県の二〇の村の農地や、この聖地から約三〇〇キロも離れたトリポリの商業施設・工房などが指定された。そして、おもに農村部に点在するワクフ諸物件と聖地都市の当該施設をつなぐワクフの管理運営には、管財人・書記、五人

●オスマン帝国期エジプトの主要都市

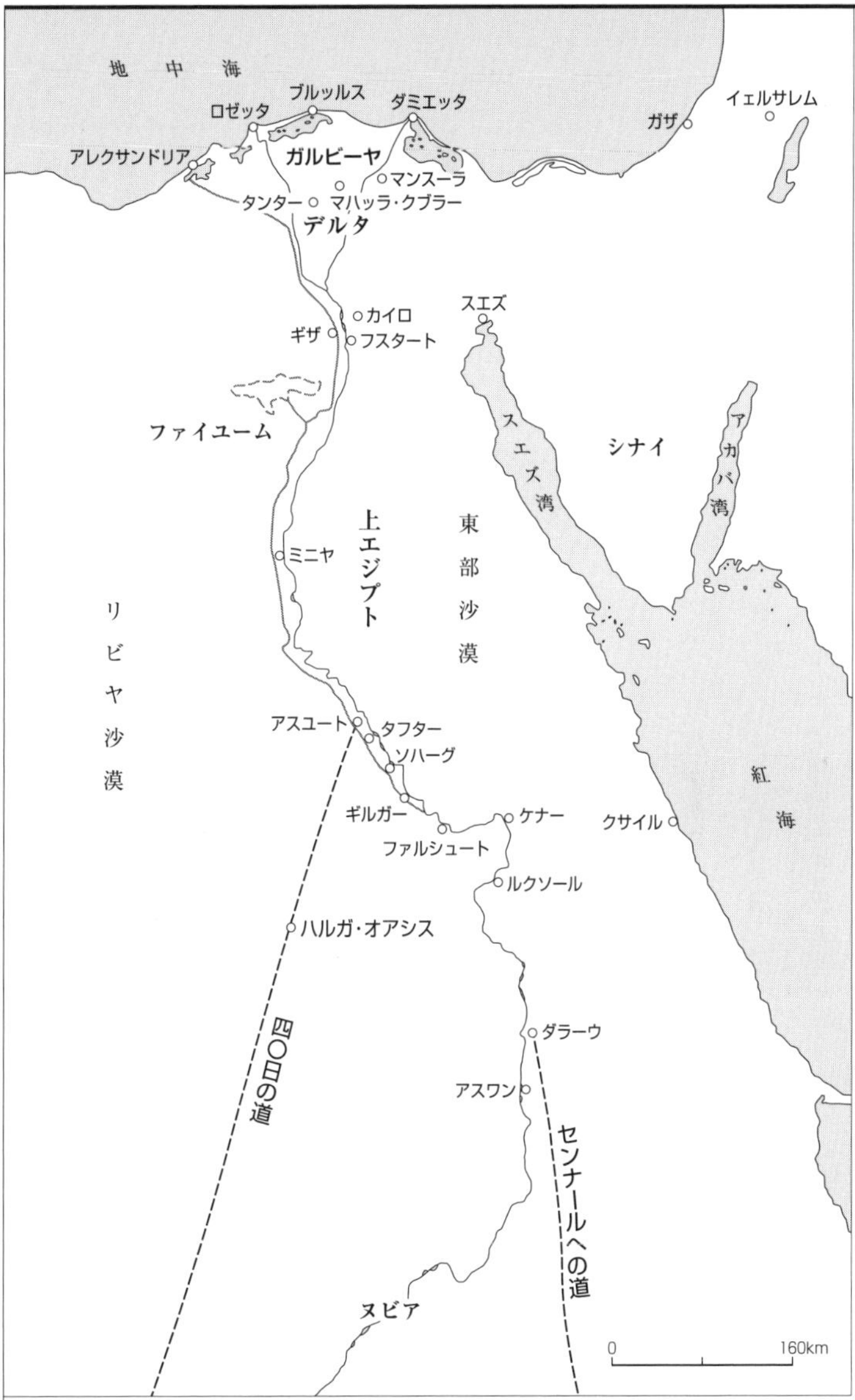

の集金人などがあたった。

また、諸都市に存在したクッタープは、児童に対し無料でクルアーンを中心とした初等教育を施す学校で、基本的にワクフで運営される慈善施設であった。ワクフから手当をもらう生徒が孤児(ヤティーム)に限定されているクッタープもみられた。この時代のカイロでは地下が貯水所、一階がサビール、二階がクッタープの「サビール・クッタープ」と呼ばれる小さな複合施設が多く建てられた。近世のアラブ地域には水道橋や水道網を備えたアレッポ・チュニス・アルジェのような都市もあったが、カイロ・バグダード・モースルなど大河流域の都市では、水は革袋を担ぐ水運び人たちによって市民に供給された。サビールへの水の供給も彼らの役目であった。カイロには十八世紀に三〇〇をこえるサビールが存在した。このうち明らかに近世に造られた給水所が一一七カ所あり、その約半数が初等学校と一体化したサビール・クッタープであった。各世紀の設立数は十六世紀に九、十七世紀に四三、十八世紀に六五であり、時代がくだるにつれて建設がさかんになった。過密化する都市空間のなかで、狭い場所に少ない投資でイスラーム的慈善が明瞭に具現化できる。設立者にとってのこうした利点が、建設ラッシュの要因であった。

住宅

近世アラブ都市の住宅には私有物件もあったが、ワクフ物件に指定され賃貸されるものが多かった。研究が進んでいるカイロの都市住宅について類型を示せば、①有力な軍人・官僚・大商人・ウラマー・スーフィー教団長などの家産経済の拠点である中庭をもつ堅固な大邸宅、②経済的中・上層の商人や学者などが暮す一戸建ての中規模住宅、③おもに経済的中層の集合住宅の「ラブウ」、④ロバ引き・水運び人・踊り子といった下層民が雑居する日干し煉瓦などででき た「ハウシュ」と呼ばれる貧民住宅である。ここでは、カイロ市民の一般的な石造住居であった②と③に注目したい。

②の中規模住宅の多くは残っていないが、現存する十八世紀のイスタンブッリー邸(敷地面積二八五平方メートル)を取り上げよう。②の類型にしては大きめのこの住宅は、ブーラーク河港の中心的スークの近くに位置し、有力家系のアスィー家の商館に隣接した中庭のない五階建て住宅であった。一階は倉庫と応

イスタンブッリー邸

接間(マンダラ)からなり、二階以上が日常の居住空間であった。二階中央には、採光・風通し・夏の夕涼みのための吹き抜け部分(サーハ)と居間(カーア)があり、客人の歓待はそこでもおこなわれたとみられる。居間の南北の窓にはマシュラビーヤ(木製の格子出窓)があり、入口部分の棚はアナトリア産の青色タイルで飾られていた。居間とその隣の台所以外に九つの部屋と五つの便所があり、それらは五つの居住ユニットに分かれていた。大家族の生活に適した空間構成である。

こうした中規模住宅の構造において、イスラーム社会が重視する「男女の空間的分離」はしばしば明確ではない。ハリーム(女たちの居住空間)は適宜設けられ、男性客が突然くれば、家の女たちは奥の部屋に移動したり、急いでヴェールをつけたりしたのであろう。カイロの住宅ではこのような三階建て以上の場合も少なくなかったが、同時期のダマスクスでは二階建てが、アレッポでは平屋建てが一般的であった。高層化の傾向はサナアなどイエメン諸都市でも顕著であったが、その理由についてはいまだ定説がない。

③のラブウは、とくにカイロにおいて中世からあった集合住宅である。ラブ

カイロ・タッバーナ地区のラブウ

ウも通常はワクフ物件として賃貸され、その収益が慈善目的に使われた。商館の上層階を占めるラブウ、あるいはラブウの一階部分が小売店舗や倉庫となっている例もある。しかし、単体の集合住宅であるラブウは少なくなかった。カイロに現存する「タッバーナのラブウ」は商業施設部分のない四階建ての集合住宅で、敷地面積は約八八〇平方メートルにおよぶ。こうしたラブウの発達は、人口稠密《ちょうみつ》のナイル川流域都市に特徴的な現象にみえる。エジプトにおける高層住宅や集合住宅の伝統は、プトレマイオス朝の時代にまで遡ることができる。十一世紀に東方からエジプトを訪れたナーセル・ホスロウの旅行記でも、ファーティマ朝期の国際的商都であったフスタートの高層化が強調されている。ラブウのなかには、内階段をもつ「メゾネット形式」で一戸の総床面積が二〇〇平方メートルをこえるものもあった。こうした「豪華ラブウ」は、庶民には手の届かない高級物件だったのである。

商館

遠隔地交易や卸売商業の拠点となった商館も都市のワクフ物件として重要で

あった。中世・近世アラブ都市の商館は一般にハーンやフンドゥクと呼ばれたが、エジプトではウィカーラ（ワカーラ）という呼称がよく用いられた。三浦徹は、かつて「イスラーム都市の三要素」とされた①ジャーミー（集会モスク）、②スーク（小売市場）、③ハンマーム（公衆浴場）が小さな町や村落にもあったとし、一定以上の規模の都市にしかなかったマドラサを中心にすえた都市史論を展開した。中規模以上のアラブ都市にある建造物としては、多層建築の商館もまた特段の注目に値しよう。「高層化都市」のカイロでは、六階建ての商館もあった。その利用や運営の実態については不明の点も多い。近世アラブ都市の商館研究は、その重要性にもかかわらず、いまだ多くの課題を残している。

　商館は一般に給水所やモスクを備えた中庭をもち、そこは駄獣《だじゅう》（ラクダ、ラバ、ロバ）の待機所や卸売買の場としても利用された。建物の一階は倉庫群として、二階以上の各ユニットは遠隔地商人や仲買卸商のオフィス、旅の宿、賃貸住宅として使われた。十八世紀のカイロには三六〇もの商館があり、市場空間の中枢をなすカイロのカサバに集中していた。それ以外にカイロの河港ブーラークにも六五の商館があったが、それらはいずれも低層建築であった。カイ

▼ハーン　ペルシア語起源の呼称で、アナトリア・バルカン・イラン・エジプト以外の東アラブ地域などで広く用いられた。街道ハーンと市内ハーン（商館）の二タイプがあり、前者は都市間の交易・巡礼路上に位置し、宿泊・安息所としての性格が強く、水場・礼拝所・浴場・売店などを備えていた。北シリアのジスル・シュグールに一六六〇年に新設された街道ハーンは、十九世紀に都市形成の核となった。街道ハーンから市内ハーンへの変貌例である。

▼フンドゥク　アラビア語で商館を意味し、古代ギリシアのパンドケイオン、ヴェネツィアのフォンダコと同じ語源で、地中海世界における伝統的呼称である。中近世のマグリブ、ファーティマ朝期のフスタートなどでよく使われた用語。他方、南アラビアでは商館を「仲介業の場」を意味するサムサラとも呼んだ。

カイロのズルフィカールの商館

▼**エドワード・レイン**(一八〇一〜七六)　近代イギリスのアラブ学者。イングランドのヘレフォードに生まれ、ロンドンで石版画家の修業を積み、アラビア語を学んだ。三回(一八二五〜二八、三三〜三五、四二〜四九)のエジプト滞在ではカイロの庶民街などに住み、ウラマーや書店主

ロで最大の商館はその敷地面積が七五六〇㎡におよび、アズム家のアスアド・パシャが建てたダマスクスで最大の商館は二五〇〇㎡に達した。

夜間に閉門される商館は堅固な要塞のようだったが、それは、何よりも一階部分の保管倉庫を守るためであった。一六八六年、ナイルデルタのマハッラ・クブラーで商人名家のフーラーニー家の商館が夜盗の襲撃にあった。バッワーブ(門番)が殺害され、有力軍人が賃借していた一階倉庫の金品が残らず掠奪された。法廷の調査記録で確認されるこの事例は、商館の倉庫が貨幣の保管場所としても活用されていた事実を伝えている。

商館の上層階を占めるラブウは、一階の倉庫保護の観点から階段で直接街路に出入りできるようになっていた。こうしたタイプのラブウに関しては、エドワード・レイン▲の体験が示唆的である。レインはカイロの一般居住地に棲家を探したが、単身を理由に拒否され、妻か女奴隷をもたないならば商館内のラブウに住むようにと街区の住民に諭された。単身男性の新規の入居は、街区秩序の攪乱《かくらん》要因とみなされていたのである。このように、商館のラブウは新来単身者の住居としても重要であった。

と交流し、生活文化やアラビア語の研究を深めた。著作に『現代エジプト人の風俗習慣』『エジプト誌』などがあり、記念碑的な『アラビア語英語辞典』は未完に終わった。

また、アラブ都市の商館には「専門化」の傾向が顕著であった。十八世紀のマハッラ・クブラーでは、亜麻仁油・藍・糖蜜・ヘンナ(手足・頭髪用染料)など特定商品の名を冠し、その交易の拠点となった商館群があった。このうちスルタン・ガウリーが建て「スルタンの家」とも呼ばれた大規模商館は、イエメン産コーヒー豆の交易の一大拠点であった(六四頁写真参照)。

店舗と工房

小売の場であるスークの店舗(ハーヌート)もまた、賃貸収入を生むワクフ物件とされることが多かった。当該期の店舗の実像をよく伝えているのが、レインの『現代エジプト人の風俗習慣』(一八三六年)の挿絵である。小規模店舗の前面にマスタバ(石の台座)がみえる。店主が長ギセルを手に客を待ち、応対している。マスタバには、店主一人分のスペースしかないものと、客が同座できるものがあった。後者の場合、客は店主が近くの店から取り寄せたコーヒーを味わいつつ、フィサール(人格的交流をともなう値段交渉)に勤《いそ》しむことができた。マスタバの高さは、着座した店主の目の位置が通行人の目の高さとほぼ等しく

カイロの店舗（レイン『現代エジプト人の風俗習慣』より）

なるよう設定されていた。レインはこうも記している。

彼〔店主〕が数分か半時間ほど店舗を離れるさいには、隣や向かいの店主に自らの財産の保護を依頼するか、店の前に網をかけるかした。夜に帰宅するときや、金曜正午の礼拝に参加するためにモスクへ行くとき以外は、彼はシャッターを閉めて鍵をかける必要を感じなかったのである。

十七世紀後半と十八世紀前半の繁栄期のカイロには、こうした店舗が二万軒以上もあり、同一業種ごとにまとまってスークをかたちづくっていた。十五世紀初頭に六八カ所だったスークが十八世紀末には一三七へと倍増し、近世カイロの消費空間は拡充していた。

この時代には地方都市でもスークが活況を呈した。マハッラ・クブラーでは、香辛料・コーヒー豆・食肉・農産物・魚・木材・薪・藁《わら》・亜麻種子・亜麻屑・ラクダ・飼葉・綿・布・糸・皮革製品・タオル・紙・両替・金銀細工などの「専門スーク」が都市の北部にひしめき合っていた。なお、この都市の「金融センター」でもあった金銀細工スークは今も同じ場所で輝きを放ち、現在の店舗数は一二〇軒をこえる。そこでの店主の宗派別のおおよその構成比は、ムスリムが七、コプト教会キリスト教徒が三となっている。

他方、手工業の場である工房は一般にカーア、あるいはジファールと呼ばれた。当時の手工業生産については、分業の高度な発達、そして職人の「商人的性格」が指摘できよう。また、カイロの職人の財力について、遺産記録にもとづく研究からは、亜麻仁油やゴマ油の製油業者や製糖業者が富裕であり、銅細工師が並み以上、製粉業者は貧しかったことが判明している。工房については、次章でも別の視角から言及してみたい。

娯楽の場

近世のオスマン帝国都市に新たに登場した娯楽空間といえば、マクハー(コーヒーハウス、トルコ語でカフヴェハーネ)であろう。コーヒーの飲用は、十五世紀初めに主産地イエメンのスーフィーたちの間で、修行のさいの眠気覚ましの効能から始まったとされる。最初期のマクハーは一五一一年にメッカに出現し、まもなくカイロに、そして一五四〇年頃にはダマスクスやアレッポにも姿をあらわした。

▼カドゥザーデ派　イスタンブルの説教師カドゥザーデ・メフメト(一五八二〜一六三五)の思想に影響を受けたウラマーを中心とした純化主義的なイスラーム改革運動。スーフィズムや聖者崇敬の諸側面をスンナ(預言者ムハンマドの言行)からの逸脱(ビドア)として激しく非難した。一六五六年にキョプリュリュ家の大宰相メフメトによって弾圧されるまで、

このようにコーヒー飲用ではアラブの大都市が先進的であった。当初は酒のような酩酊《めいてい》作用の有無をめぐってイスラーム法学の論争が起こった。十七世紀には帝国中心部でカドゥザーデ派▲による禁止運動、そして政府の禁圧が勢いづくこともあったが、嗜好品としての大流行が長期的にはマクハーの増殖を促した。三年間カイロで過ごしたプロスペーロ・アルピーニ▲はコーヒーの普及を強調し、一六〇八年にダミエッタを訪れたヨハン・ヴィルト▲も多数のマクハーを確認している。カイロのマクハーは十八世紀末に一三五〇軒にも達していた。それらは基本的に宗派や階層の別なく利用されたが男の空間であり、女たちは家庭でコーヒーを愛飲していた。マクハーもまた、しばしばワクフ物件とされた。十七世紀中葉のアレッポに州総督イプシール・パシャが建てた大複合施設のなかのマクハーも、その他の部分を占める工房や穀物取引所とともにワクフ物件であった。その賃貸収入は、施設内モスクの運営やヒジャーズの両聖地に集う貧民の救済を支え続けたのであった。

カイロやダマスクスの大規模マクハーには、二〇〇人以上の客を収容するものもあった。しかし、普通はスークの小店舗のような構えで、商館の外面や中

二〇年以上も帝都を中心に猛威をふるい、その影響はアラブ諸地域にも波及した。

▼プロスペーロ・アルピーニ（一五五三〜一六一七）　ヴェネツィア共和国のマロスティカに生まれ、パドヴァ大学で医学を学び、ヴェネツィア領事の侍医として一五八〇〜八四年までカイロで過ごした。ナツメヤシの観察から植物の雌雄に関する考察を深めた。帰国後はパドヴァ大学で植物学を講じ、同大学の植物園長を務めた。著作に『エジプト植物誌』『エジプトの植物』などがある。

▼ヨハン・ヴィルト（一五八五〜？）　ニュルンベルクに生まれ、神聖ローマ皇帝ルドルフ二世の軍の一員として一六〇四年に捕虜となり、転売のすえ、ルメリ州総督の奴隷になった。その主人がイスタンブルで死去すると奴隷商人の手でエジプトへ移り、次なるイラン系の主人のメッカ・メディナ巡礼に随行し、モカ・イェルサレム・ダマスクスなどを訪問。〇九年にカイロで解放され、苦難のすえに帰郷をはたし、稀有な旅行記（一六一三年）を残した。

ダマスクスのマクハー（一八三〇年代）

▼**『バイバルス武勇伝』**　マムルーク朝スルタンのバイバルス一世を主人公とした虚構的な英雄譚。現存最古の写本は十六世紀のものであり、近世のカイロやダマスクスを中心に、民間の物語師たちの活動と連関しながら、当時の市民生活を反映した文学作品として長大化していった。

▼**『アラビアンナイト』**　千夜一夜物語。イスラーム初期に萌芽し、近世・近代のアラブ地域とヨーロッパを往還しつつ成育を遂げた長大な説話集。ヨーロッパ最初の訳本（フラ

庭、集会モスクやラブウの近隣に位置していた。ダマスクスでは清流のバラダー川沿いに挿絵のような郊外型のマクハーがあり、好天の日には多くの客で賑わった。芳香漂うマクハーは情報交換の場、ナルド（バックギャモン）やチェスなどのゲーム会場であり、物語師・詩人・楽器奏者・人形遣い・道化・旅芸人・奇術師が技芸を披露する芸能空間でもあった。当時の物語師の人気演目に『バイバルス武勇伝▲』があった。『アラビアンナイト▲』と並ぶこの長大な説話文学の発展にとっては、マクハーという娯楽の場が不可欠だったといえよう。

　マクハーは喫煙所でもあった。タバコ（ドゥハーン）の喫煙がエジプトやシリアに伝播したのは一五九八年頃とみられるが、やはり酩酊作用や健康被害をめぐって喫煙の是非を問う法学論争が起こった。十七世紀初頭にスルタン・アフメト一世は禁止令を出し、エジプトでも州総督が喫煙を禁じて違反者を罰し、大量のタバコが焼却処分とされた。しかし、一六四九年に喫煙をムバーフ▲とするシェイヒュルイスラームの法勧告が示されると政策は転換し、以後、喫煙習慣が社会に定着していった。現在のマクハーには水タバコがつきものだが、当時は火皿・柄《え》・吸口の各部分からなるシブク（煙管）が主流であり、都会の紳士

ンス語版、十八世紀初頭)にはマムルーク朝期の古写本が用いられた。アラブ地域での豊富な調査経験をもつフランス人東洋学者の訳者、アントワーヌ・ガラン(一六四六～一七一五)がアレッポから入手した写本であった。

▼ムバーフ　イスラーム法の規定の五範疇(義務・推奨・許容・忌避・禁止)における許容行為。合法であるその実践の有無は個々の信徒の判断に委ねられる。他方、アズハルの教授のラッカーニー(一六三一没)のように喫煙を禁止(ハラーム)の範疇に含める論客もおり、十八～十九世紀には忌避(マクルーフ)の範疇にいれる中間的立場の論者も一陣営をなした。

たちは、その柄の長さを競い合った。

　女性の娯楽や息抜きの場として意外にも墓地が大きな役割をはたしたが、そのほかに重要だったのが、ローマの地中海的伝統を継承してアラブの都市生活に定着していたハンマームである。その多くがやはりワクフ物件であり、風呂業者がこれを借り受けて営業した。十八世紀のアレッポに四七、カイロに七七のハンマームが確認され、市内の人口稠密域に集まる傾向があった。ハンマームでは、同一施設で利用時間を別に設定するなどして、男女の空間分離の原則が実現された。しかし、男性の使用時間に娼婦が入場したり、男性従業員が同性に特殊なサービスを提供したりするなど、時にハンマームの困った実状が社会で問題視されることもあった。また、十八世紀アレッポにおける女性のハンマーム利用に関する最近の研究からは、「フィトナ(混乱)の源泉」である女性身体の管理を重視するイスラーム法学者の見解にもとづき、宗派ごとにその利用日までが細かく指定されていた事実も明らかとなっている。

③―近世アラブの社会と政治文化

交流するウラマー

イスラーム諸学をおさめた学者を「アーリム」と呼び、その複数形が「ウラマー」である。種々のテキストについて学師が与える修了証(イジャーザ)をたくさん集めた人がアーリムとみなされた。しかし、そこに確たる認定制度があったわけではない。彼らはアラブ社会における学術・教育・宗教儀礼、そして文字文化の主要な担い手であり、優れたアーリムは宗教指導者として尊敬を集めた。オスマン帝国の中心部では、中央集権的な体制の整備にともない、行政や教育の担い手としてのウラマーの組織化が進んだが、近世アラブ地域のウラマーの融通無碍《ゆうずうむげ》な実態をみるかぎりでは、基本的に中世の延長線上で理解してよいように思われる。そして、アラブのウラマーの交流とその「共通文化」は、アラブ地域やオスマン帝国をこえて、近世のイスラーム世界大の広がりを示していた。

刮目《かつもく》すべきは、十世紀に設立されたアズハル・モスクの近世における台頭で

▼**ジャバルト**　もともとはアデン湾に面する北ソマリアのザイラア港を中心とした地域を指す語だったが、現エリトリアから北ソマリアにいたるイスラーム教徒居住地域を広く指して用いられるようになっていった。

ジャバルティー家の邸宅

ある。カイロ中心部にあるアズハルは、十八世紀には約七〇人の教授と三〇〇〇人をこえる学生、それに出身地別の学寮(リワーク)を備えたスンナ派世界随一の高等教育・研究の施設になっていた。その躍進を経済面で支えたのは、前章で述べたとおり、州の支配層によるワクフの集中的な追加や施設の増改築であった。その結果、教授・助手と学生は十分な手当と勉学や生活の場を与えられた。ただし、一定のカリキュラムをもって卒業証書を授与する大学機関ではなく、その教育方式は、師弟関係の連鎖、音読、身体でわかることに重きをおく、中世同様の学知の伝授であった。

アズハルの出身地別の数多くの学寮のなかにジャバルト▲の学寮があった。代々その寮長職を担ったのが、ウラマー名家のジャバルティー家である。同家の著名人は歴史家のアブドゥッラフマーン・ジャバルティー(一七五三〜一八二五)であるが、その父のハサン(一六九八〜一七七四)もアズハルの碩学《せきがく》として当時は高名であった。ハサンは生後まもなく父親を失ったが、資産家で救貧活動に熱心な祖母と、同家のウラマー人脈とに支えられ高等教育を受けた。アズハルの有力指導者たちのもとで学び、やがてハナフィー派法学の権威、当代一流の学者と評されるまでになった。能書家でオスマン語やペルシア語にも堪能なハサンは、天文学の諸文献をおさめてこの分野の第一人者となり、また日時計づくりの名人でもあった。彼は遠くインドや西アフリカなどから来訪するさまざまな学者を自宅で厚遇した。膨大な写本蔵書を鷹揚《おうよう》に貸し出し、ハサン邸は私設図書館のようでもあった。その法学講義には、アナトリア・ダゲスタン・モロッコなどから遠来の学生が多数集まった。

　歴史家ジャバルティーが学師として慕ったのは、この父と碩学のザビーディー（一七三二〜九一）であった。ザビーディーは北インドでシャリーフ家系に生まれ、一六歳でイエメンの学問の町ザビードに移り、そこと両聖地とを行き来しながらスンナ派諸学をおさめた。そして一七五三年、カイロへ雄飛した。彼はワファーイーヤ教団長のアブー・アンワールや後述するハウワーラ族の族長フマームなど有力者たちと親交を結んで生活を安定させ、エジプト各地、パレスチナ、キプロスに旅して学者・スーフィー聖者との交流を重ね、教育にも従事した。

　その主著は一七六〇年から一四年をかけて完成された『花嫁の冠』であり、

▼フィールーザーバーディー（一三二九〜一四一五）　イランのカーゼルーンに生まれ、イエメンのザビードで生涯を終えたイラン人のアラビア語学者。現在でも用いられるアラビア語辞典『言海』の編纂者。

▼フータ・ジャロン　ギニアにあるフルベ人の居住地域。十八世紀にはジハード運動によるイスラーム国家形成の中心地の一つとなった。

▼フルベ人　セネガルを故地として西アフリカに広く分布し、おもに半農半牧の生活を営むフラニ語の話者。十八世紀以降には、ウスマン・ダン・フォディオやハーッジ・ウマルなどフルベ人のジハード諸国家が興隆した。

▼ムラーディー（一七五九／六〇〜九一）　ダマスクスのウラマー名家出身で、同地のムフティーとして活躍した。三回目のイスタンブル訪問の途上、アレッポで病死。同郷のムヒッビーが著したヒジュラ暦十一世紀の名士一二八九人の伝記集に続く、ヒジュラ暦十二世紀（西暦十八世紀）の名士六七二人の伝記集をまとめた。

フィールーザーバーディー▲の辞典の注釈をもとにしたアラビア語辞典の金字塔である。この大辞典は賛辞を集め、アブー・ザハブは先に詳述したモスクの設立のさいに一〇万ニスフでこの写本を求めた。モロッコのアラウィー朝の王子もメッカ巡礼の帰途、その全巻を注文した。国際的名声をえたザビーディーのもとには遠地からも学生や来訪者が集まり、フータ・ジャロン▲などからきたフルベ人▲ムスリムの学生たちがハサンから修了証をえて、その学統を西アフリカへと広げた。特筆すべきは、ザビーディーとダマスクスの伝記集作者ムラーディー▲との交流である。ムラーディーはエジプトの学者情報をザビーディーに求め、弟子のジャバルティーがその実務を担当した。しかし、ザビーディーとムラーディーはいずれも一七九一年にペスト▲の犠牲者となった。残されたジャバルティーは、収集した伝記情報をもとにこれを大きく発展させて、アラビア語年代記の最高傑作の一つである『事跡の驚異』▲を創出したのであった。

スーフィーと聖者――ダマスクスのナーブルスィー

オスマン帝国期のアラブ地域では、中世後期に叢生《そうせい》したスーフィー諸教団の

彼の曾祖父はサマルカンドの有力シャリーフで、ナクシュバンディーヤのスーフィーとして遍歴し、ダマスクスに定着した。

▼**ペスト**　アラビア語でターウーンという。一三四七〜四九年のパンデミック以降、アラブ地域で高頻度に流行し、近世にも時に猖獗を極めた。エジプトではペストをはじめとした疫病(ワバー)の流行期を「ファスル」と呼び、流行時の州総督にちなんで「バイラム・パシャのファスル」、あるいは、先行の自然災害から「洪水のファスル」などと名づけた。

▼**『事跡の驚異』**　一六八八〜一八二一年にわたる長大なアラビア語年代記。一八〇六年にいたる第一の部分は同年に完成。ジャバルティーが集め続けた大量の伝記情報も、死亡記事のかたちで盛り込まれている。イブン・イヤース(一五二四頃没)でとだえたカイロ年代記の伝統を復活させた画期的史書とかつてはいわれていた。その後、数多くの年代記写本の校訂や研究が進み、アフマド・シャラビー(一七三七没)など多彩な年代記作者の活躍が確認された。

社会的役割がいちだんと重要になった。教団は「タリーカ（修行道）」や「ターイファ（集団）」と呼ばれ、個々のイスラーム教徒が必ずいずれかの教団とかかわる時代となった。団結や管理のゆるい教団も少なからずあり、神への接近や神人合一のための修行の「流派」ととらえるべきかもしれない。近世のアラブ地域ではカーディリーヤ▲、シャーズィリーヤ▲など、この地域起源の教団に加え、アナトリアやバルカンで教線を広げたハルワティーヤ▲、中央アジアやインドで盛り上がっていたナクシュバンディーヤ▲などの「外来教団」も影響力を強めていった。

スーフィー教団と政治権力の関係はさまざまであった。エジプトでは、カイロにおける預言者ムハンマドのマウリド（生誕祭）の元締めであるバクリーヤ教団と、ムハンマドの孫フサインのマウリドを取り仕切るワファーイーヤ教団が、競合しながらエジプト州の支配の一翼を担った。他方、カイロの北の庶民地区に根を張るバイユーミーヤ教団は、時に圧政に抗《あらが》う社会的結合としても機能した。同教団は人気聖者のバダウィーを祖とするアフマディーヤ教団の枝教団であった。バダウィーの廟は夥《おびただ》しい数の参詣者を集め、そのマウリドもおおいに

▼カーディリーヤ　イラン・ギーラーン地方出身のアブドゥルカーディル・ジーラーニー（一一六六没）を名祖とするスンナ重視の穏健なスーフィー教団。聖者ジーラーニーを尊崇し、その道統を継ぐスーフィー諸集団は十五世紀以降、多様性を示しつつ、イラク（バグダード）を中心にシリア・エジプト・マグリブ・アナトリア・インド・内陸アジアへと地理的に大きな広がりをみせた。十九世紀初頭のエジプトでは教団員に漁民が多かった。

▼シャーズィリーヤ　モロッコ北部出身のシャーズィリー（一二五八没）を名祖とするスーフィー教団。名祖の墓があるエジプトを中心に、マグリブ、サハラ以南アフリカ、紅海・インド洋世界へと教線を広げた。エジプトでは中世以来、著述にたずさわる学者スーフィーを多く輩出した。穏健な倫理観と物質的豊かさを否定しない立場がその特徴であった。

▼ハルワティーヤ　アゼルバイジャンのシルワーニー（一四六四没）などが創始したスーフィー教団。教団名は「一時的な独居修行の実践者」

賑わった。近世はムスリム聖者のマウリドが隆盛した時代でもあった。

この時代には、スンナ派の「学者スーフィー」による知的な営為もいっそうの充実ぶりを示した。その代表格がエジプトのシャアラーニーとシリアのナーブルスィーである。ここでは後者について、その人物史を概観しておこう。

ナーブルスィーは一六四一年、ダマスクスに生まれた。彼の家は中世の著名なシャーフィイー派法学者の家系に属したが、父の代にハナフィー派に鞍替えしていた。スンナ派の四法学派(シャーフィイー派・ハナフィー派・マーリク派・ハンバル派)は法解釈の違いをこえて相互に認め合うことを原則としていたので、変更はめずらしいことではなかった。彼はわずか五歳でクルアーンの全章を暗唱し、その後イスラーム諸学を良師たちのもとで学んだ。スーフィズムの著作は独学で理解を深めたという。彼はとくにイブン・アラビーの著作に強く感化され、二〇代にはウマイヤ・モスクで『叡智の台座』などこの「最大の師」の著書について講じた。中世以来しばしば物議をかもしてきたイブン・アラビー思想の擁護と解釈普及が、ナーブルスィーのライフワークとなった。

四五歳のとき、ナーブルスィーは中央アジア出身のナクシュバンディーヤ教

に由来する。枝教団を増殖させつつ、アナトリア・バルカン・アラブ地域・アフリカ・インド洋世界などに広がった。シリアで独自の詩作を展開したムスタファー・バクリー(一七四九没)の道統を継ぐヒフニー(一七六七没)を中心に、アズハルの学者たちにも浸透した。

▼ナクシュバンディーヤ　中央アジアのブハラを中心にティムール朝下に隆盛したスーフィー教団。スンナ(ムハンマドの言行)を重視し、歌舞音曲の修行を否定し、沈黙のズィクル(神名の復誦)など内面鍛錬に注力する特徴をもつ。ムガル帝国でも勢力を広げ、イブン・アラビーの存在一性論を批判したパンジャーブ出身のスィルヒンディー(一六二四没)に発する改革主義的な分派のムジャッディディーヤが、十七世紀後半以降、アラブ地域にも教線を広げた。

▼シャアラーニー(一四九二〜一五六五)　デルタに生まれ、カイロに有力者の寄進をえて豊かな修道場をかまえ、没した学者スーフィー。スーフィー教団のシャアラーニーヤの名祖。イスラーム法学では著名なシ

団の導師と出会い、ウマイヤ・モスク内の洗礼者ヨハネ廟において同教団に入信した。宗教的寛容を重視するナーブルスィーは、純化主義のカドゥザーデ派との対立に倦《う》んで、四九歳からの七年間、市内中心部の自宅に引きこもった。身なりにかまわず、唯一神との「対話」や幻聴の神秘体験を重ねたこの内向期は、彼のスーフィー聖者としての成長と社会的承認にとって大きな意味をもった。

　続いて一転、ナーブルスィーは旅にでる。バラカ（神の恩寵）を求めて、①ベカー高原（一六八九年、一五日間）、②イェルサレム・パレスチナ（一六九〇年、一カ月半）、③北シリア、パレスチナ、エジプト、メッカとメディナ（一六九三～九四年、三八八日間）、④シリアのトリポリ（一七〇〇年、六週間）への旅を敢行したのであった。四つのリフラ（旅行記）はその貴重な結実である。「生ける聖者」が書いたこの異色のリフラでは、聖地・聖墓参詣と「生ける聖者」への訪問の記述が注目される。町や村、森や洞窟に住み、マジュズーブ▲と呼ばれた奇行の聖者たちとの交流記録はとくに史料的価値が高い。そのほかにも、フランチェスコ会修道士による歓待、バクリー教団長との親交など興味のつきない

ャーフィイー派大法官のザカリーヤー・アンサーリー（一五二〇没）を、スーフィズムでは非識字者で椰子の葉編み職人のスーフィー聖者のアリー・ハウワースを師と仰いだ。著作は『マトブーリーの倫理』、三種の伝記集、自伝など約七〇点を数える。

▼イブン・アラビー（一一六五～一二四〇）　中世アンダルスのムルシアに生まれ、ダマスクスで没したスーフィズムの大思想家。存在一性論や完全人間論などの彼の独創的思想は、イスラーム世界全域に深い影響をおよぼし続けた。近世のアラブ地域でも擁護者たちを魅了する一方で、イブラーヒーム・ハラビー（一五四九没）など批判者も少なからず存在した。主著は『メッカ啓示』。

▼マジュズーブ　修行ではなくアッラーの「引き寄せ」（ジャズバ）によって、神との交流能力を受動的にもつにいたったムスリム聖者。確たる聖者認定の制度のないイスラームでは、いずれも異常な行動を示すマジュズーブとマジュヌーン（精霊ジンに憑かれた精神障害者）の間の線引きは曖昧であった。アラブ地域では十四

世紀以降、支配層や民衆の崇敬を集めるマジュズーブの存在が社会的に重要となった。例えば、ダマスクスのマアサラーニー（一六〇五没）は胡麻油搾り職人だったが、ある夜「引き寄せ」を体験して公衆に突如全裸をさらし、以後、断続的にマジュズーブと化して迷える市民を導き、州総督にまで尊崇された。

旅行記である。

　カルロヴィッツ条約（一六九九年）の前年、軍事的外圧に悩むシェイヒュルイスラームがナーブルスィーに書簡を送り、イスラーム教徒たちのために祈願するよう懇請した。帝都イスタンブルでも、彼は特段のシャファーア（神への執り成し）の力をもつ聖者とみなされていたのである。その後、一七〇七年、ダマスクスのイェニチェリが起こしたあるシャリーフの殺害事件への抗議活動のなかで、彼は片目の光を失った。以後、一七三一年に九〇歳で死去するまで、敬愛するイブン・アラビーの廟があるカシオン山中腹のサーリヒーヤ地区で教育指導と執筆の晩年を過ごしたのであった。

軍人の「家」——カマルの老い支度

　十七世紀以降のオスマン帝国では、都市の有力者（軍人・官僚・商人・ウラマー）の「家」が政治や社会経済にはたす役割が、中央・地方の双方において重要となった。アラブ地域も例外ではなかった。ここでは、デルタのマハッラ・クブラー大法廷の台帳に残されたワクフ設定の記録（一七二三年）にもとづき、

マハッラ・クブラーに残るガウリーの商館

地方都市に生きたカマルという女の「老い支度」に照準を定め、有力軍人の「家」に光をあててみよう。

マムルーク朝後期以降、長らくこの町の学者およびスーフィーの名家であったトゥライニー家の法学者の娘として生まれたカマルは、同県の治安を担う騎士軍の有力軍人ムハンマドの妻であった。ワクフを新設したときの彼女の年齢は不明である。夫のみならず軍人の息子ハサンにも先立たれてしばらくたってのことなので、すでに老境にはいっていたとみられる。生前に同県のあるナーヒヤ（郷）の徴税請負人（ムルタズィム）を務めた夫ムハンマドは、カマルのワクフ新設の証人として台帳記録にも登場する弟の軍人アリーと一緒に先頭に立って、マハッラ・クブラー在住の徴税請負人たち、学者、シャリーフたち、民衆と連帯して、県総督の周辺農村での圧政（ズルム）を上記の大法廷（バーブ法廷）に訴えでたこともあった（一七〇八年）。

カマルが新設したワクフは、家の成員を受益者とする「家族ワクフ」▲であった。ワクフ物件には、市内にある亜麻仁油の圧搾所（石造の建物、作業所、工具機械類、倉庫、畜舎）のうちの彼女の持ち分（二四分の一〇）が指定された。持ち

▼**家族ワクフ**　ワクフ・アフリー。ワクフ対象に家族や子孫を指定する型のワクフ。ワクフに必要な「永続性」を確保するため、子孫がとだえた場合の受益主体に貧民や特定の宗教施設を当初から指定するなど、最終的に通常の「慈善ワクフ」（ワクフ・ハイリー）へ移行するかたちがとられた。

分は夫と息子から合法的に継承したものであった。ワクフ対象については、カマルの存命中は自身を、死後は息子の元妻のアムナを、彼女の死後はその子孫を受益者とし、子孫がとだえればこの町のトゥライニーヤ修道場の追加ワクフとすると定めている。この修道場は、当時の年間支出が四万ニスフにもおよぶトゥライニー家の大規模ワクフの中核施設であった。十四世紀に遡れる町の名家である父の家系とその宗教施設に対して、老女カマルは特別な思いをいだいていたようである。

ここで注視したいのは、家族ワクフの受益の継承者になき息子の元妻アムナとその子孫が指定されていた点である。この少し奇妙な指定には、カマルとアムナの姑嫁の関係が良好だったことに加え、アムナの再婚相手がカマルの亡夫ムハンマドのマムルークで解放奴隷となった軍人のフサインだったことが重要であった。主人とマムルークの間の擬制的な父子関係によって、このフサインもムハンマドの「家」の重要な成員とみなされていたのである。さらにカマルは同じ頃、同家の従者であった二人のアフリカ系解放奴隷にもニスフ銀貨一万一〇〇〇枚と銅製品一式の生前分与をおこなった。イスラームは奴隷の早い解放を奨励するが、解放後も主従の絆は残ることが多かった。解放奴隷も「家」の成員でありつづけたことをこの老い支度の事例は教えている。

イスラーム法廷と社会

スンナ派のカーディー(法官)が主宰するイスラーム法廷は、オスマン帝国社会のなかでじつに多様な役割を担っていた。アラブの都市の多くにもイスラーム法廷があり、大都市には複数の法廷があった。カイロには大法廷のほかに一四の小法廷があり、人口三万規模のマハッラ・クブラーの町には、ハナフィー派の主席カーディーと二人の次席カーディー(シャーフィイー派とマーリク派)が分担して裁定する大法廷に加え、シャーフィイー派やマーリク派のカーディーが主宰する小法廷が三つ存在した。オスマン帝国の筆頭法学派はハナフィー派だったが、エジプトではシャーフィイー派とマーリク派に属するイスラーム教徒のほうが多く、利用者は適合的な法学派のカーディーを選ぶことができた。また、法廷での審理では過去の判例ではなく、史上の権威ある法学者の見解や有力ムフティーのファトワー▲が重視された。そして、イスラーム法とカーヌー

▼ファトワー　生活上の法的問題に関する質問に答え、イスラーム法学者が口頭または書面で示す法勧告。ファトワーの提示者をムフティーという。著名な法学者のファトワーは集成され、ファトワー集として法的判断に影響を与えた。オスマン帝国では支配体制にムフティーが組み込まれ、司法行政の一端を担った。

カイロの大法廷

ンにもとづく法廷であったが、カーディーは時に社会慣習（アーダ）を尊重する裁定をくだした。

　オスマン帝国のイスラーム法廷は、たんなる訴訟の場ではなかった。カーディーは不動産や動産の売買・賃貸借契約、商業上の協業契約、結婚・離婚契約、遺産相続や贈与などについて法学者として承認・裁定し、法廷証書（フッジャ）を発給した。法廷のあつかった案件はすべて法廷台帳（スィジッル）に記録され、保管された。また、州総督からの命令書（ブユルルドゥ）を受けて対応するなど、法廷の地方行政上の機能も重要であり、とくに地域の市場行政における役割は大きかった。カーディーは物価の調査監督者でもあった。

　マハッラ・クブラー大法廷の一六八七年の台帳には、小麦、小麦粉、各種パン、牛肉、羊肉、水牛肉、牛乳、各種チーズ、バター油、亜麻仁油、ゴマ油、テヒーナ（白ゴマペースト）、フィティール（エジプト風ピザ）の生地、ゴマの焼菓子、蜂蜜、サトウキビの蜜、ヘーゼルナッツ、ナツメヤシとその菓子、干しブドウ、ケバブなど町の重要食品に関する価格調査の結果が細かく記録されている。各種の同職組合が選出した組合長（シャイフ）、公正な量目管理を担う計量・計測人などの公的な任命もまたカーディーの役目であった。

キリスト教徒やユダヤ教徒もまたイスラーム法廷を利用した。彼らはイスラーム教徒との間の契約や紛争だけでなく、修道院向けのワクフの設定などでもイスラーム法廷を活用したのである。また、法廷の利用者は都市居住者にかぎられなかった。マハッラ・クブラー大法廷の利用者には、ガルビーヤ県の僻地《へきち》の農民や四〇キロほど離れた汽水域のブルッルス湖の漁民もいた。同法廷の台帳には、村落間の紛争や土地をめぐる争い、盗賊（アシュキヤー）やアラブ遊牧民による村落襲撃などの諸事件に関する調査の依頼や裁定の記録も見出される。

一六八七年、ガルビーヤ県北部のナバルーフ郷から六人の村長と同郡のムルタズィム配下の現地差配人（カーイムマカーム）がマハッラ・クブラー大法廷にきて、彼らの亜麻運搬船が襲撃された事件に関する調査を求めた。実地調査の結果、地中海のロゼッタ港に向けて運河を航行中の二艘の船が途中の村の住民たちに襲われ、一七人が殺害され、三トン以上の亜麻の束などが掠奪された被害事実が確認された。郷の単位で船が組織され、商品作物がまとめて地中海の重要港へと運び出されていたのである。この調査結果にもとづき法廷証書が発給されたが、法廷記録にはその後の対応に関する記載はない。犯人の逮捕や処罰は県総督とその配下が担ったとみられるが、被害者側にとっては、こうした法廷証書の獲得が事件解決に向けての重要なステップだったといえるだろう。

市民の抗議作法

オスマン帝国の大宰相が主宰する御前会議は政策決定の最高機関であったが、臣民（ライーヤ）の嘆願書（アルド）を受理して裁定をくだす、司法機関としての一面ももっていた。そして、各州で州総督が主宰する定例会議▲も同様の機能を備えており、州のズィンミー（庇護民）を含む臣民はイスラーム法廷に訴えでることができるだけでなく、文武の官人の不正などの諸問題の行政的解決を求めて嘆願書を定例会議に提出することができたのである。中世のマザーリム法廷▲の伝統を継承したこのような仕組みは、オスマン帝国の長期的存続の一因であったともいえよう。

十七世紀末以降のカイロでは、食糧の高騰や通貨の混乱に不満をもつ民衆の抗議行動が多発した。一七二五年、市民が物価高の改善を求めて州総督宛に嘆

▼定例会議　ディーワーンと呼ばれた州行政の最高会議。エジプト州ではカイロ城のマムルーク朝スルタン・ガウリーによる増築部分で開かれたため、「ガウリーのディーワーン」とも称された。州総督が主宰し、主席カーディー・財務長官・七軍団の軍団長などの州の要職保持者が集い、重要案件を協議した。十六世紀には週四回開催されたが、のちに不定期化し、他方、ベイたちの力が強まると、有力ベイの邸宅で開かれる私的会議（ジャムイーヤ）も政策決定上の重要性を高めた。

▼マザーリム法廷　カーディーのイスラーム法廷とは別に、マザーリム（不正）の除去とアドル（公正）の実現を目的として、カリフ・スルタン・ワズィール（宰相）・ハージブ（宮廷侍従）・地方総督などの為政者が主宰した法廷。アッバース朝期以降、徐々にその制度化や理論化が進んだ。マムルーク朝期にはイスラーム教徒やズィンミーの訴人が直訴状（キッサ）を提出し、スルタンや高官の署名入りの判決書（マルスーム）が示されるかたちがとられた。

▼ムハンマド・ベイ・チェルケス（?〜一七三〇）　カースィミーヤの領袖アブー・シャナブ（一七一八没）のマムルーク出身。チェルケス人。一七二四年にカースィミーヤの領袖に。同派閥のズルフィカール・ベイ（一七三〇没）との争いに敗れてアルジェに逃れ、海路トリエステへ行き、ウィーンに亡命。オスマン帝国の抗議でウィーンを追われ、西トリポリ州をへてエジプトへ帰還したが、ふたたびズルフィカール・ベイに敗れ、ナイルで溺死。ジャバルティーは圧政者と評している。

願書を提出し、これを受けて公定価格が布告されたが、市民の不満はおさまらず、結局は市場行政に強い影響力をもつイェニチェリ軍団長の交代に帰結した。しかし、食糧や通貨をめぐる諸騒動では、こうした嘆願書よりも集団での直接行動のほうがめだっていた。穀価が暴騰した一六九五年、女性や子どもを含めた都市下層の人々が結集し、カイロ城の州総督府の中庭で飢えの窮状について声をあげた。しかし無視されたので、「悪の制裁」の含意がある伝統的な抗議作法である投石（ラジュム）におよんだ。州総督はこれに殴打をもって答え、貧民はやむなく城塞下のルマイラ広場の倉庫群から主食の小麦やソラ豆を掠奪したのである。そのほかには、カイロの群衆がまずアズハル・モスクに集まって不平を述べ、有力な学者たちを抗議行動に巻き込んで州政府との間の「媒介者」として活用し、一定の成果をかちとる例もみられた。

以上のような訴願は、公正価格や食糧供給、通貨の適正換算率や品位の管理責任が州政府にあるとの意識にもとづき、支配体制の大枠を認めつつ対策実施を求めるものであった。例外的なケースが一七二四年のカイロの騒動である。物価騰貴を背景に武装蜂起した群衆は、圧政を敷く最有力のベイのムハンマド・ベイ・チェルケス▲やアザブ軍▲と激突した。しかし、敗走をよぎなくされ、カラーファ墓地の聖廟へと逃げ込み、そこで唯一神への祈願を日夜続けたのである。これを受けて、市内各所でも住民が多くのミナレットに昇り、二晩続けてチェルケスへの神罰祈願を続ける事態となった。カイロの歴史では異例の展開であったが、アラブ諸都市で示威行動や抗議の場としてミナレットが用いられることはめずらしくなかった。

　マムルーク朝末期の一五〇六年には、ダマスクス住民がウマイヤ・モスクのミナレットに昇り、そこで財産の収奪に励んだ総督の解任を祝し、新総督への支持を表明した。アレッポでも一七五一年、市民が蜂起し、三〇人をこえる女たちが早朝から大モスクのミナレットに昇って州総督に対する批判を続けたが、彼女たちは午後には引きずりおろされた。ダマスクスの年代記作者のイブン・ブダイル▲は、アズム家のアレッポ州総督の圧政と搾取をその原因とみる記述を残している。また、カイロのアズハルでも十八世紀末にたびたび、為政者への抗議や要求の行動がミナレットにおいてみられた。

　このように、とりわけ大都市の中枢的な大モスクの高いミナレットが活用さ

▼**アザブ軍**　エジプト州では七軍団の一つでイェニチェリ軍と並ぶ歩兵軍。アザブは「独身者」を意味する。イェニチェリ軍が州都とカイロ城、主要都市・港を守護したのに対し、アザブ軍は州都やカイロ城の周辺、主要都市・港周辺、ナイル川を守った。一六七〇代以降は芸能者全般からの徴税の請負権、相続人不在の遺産の収受権などもえて、軍事力・経済力を強めた。アザブ軍関連のアラビア語年代記群は「ダムルダーシー・グループ」と総称される。

▼**イブン・ブダイル**(?〜一七六二頃)　ダマスクス市壁外のクバイバート地区の生まれ。家業はメッカ巡礼の荷担ぎだったが、床屋になって市の中心部に店をかまえた。カーディリーヤ教団に属し、法学や神学を学び、一七四一〜六二年をあつかうダマスクス年代記を著した。同史料は物価など雑多な社会経済情報の宝庫だが、後代の学者カースィミー(一九〇〇没)がアズム家の「偉業」を強調して大幅に改編したものが、校訂本として近年まで普及してきた。

アレッポの大モスク

れた。それは、視覚的効果の高さ、集団礼拝時のフトバ(説教)で統治者が確認されるモスクという場の付属建築物における意思表明の有効性、これらの大モスクの「聖なる避難所」としての性格などによると考えられる。ミナレットの上での異議申立てとは、政治権力の空間表現であるモスクのミナレットが誇る「高さ」を、民衆が主体的にとらえ返して自らのものとする行為であったともいえるだろう。

障害者の位置

こうした異議申立ての一例に、アズハルの視覚障害者寮(リワーク・アルウムヤーン)の学生による集団行動があった。彼らは待遇の改善を求めてカイロ市内で堂々と示威行動を展開した。この時代の社会のなかで障害者はどのような位置を占めていたのであろうか。近世アラブの障害者に関する研究は始まったばかりであるが、その一端を紹介したい。

近世のアラビア語史料に比較的よく登場するのは、聴覚と視覚の障害者たちである。聴覚障害者では、中途失聴者がウラマーとして活躍した例が少なくない。イスラームでは障害者を罪深い存在として儀礼から遠ざけるようなことがないだけでなく、中途失聴者がメディナの預言者モスクのイマームや説教師といった重職に就いた例も確認されるのである。伝記集作者のガッズィー▲は巡礼中のアレッポの一学者と出会い、彼が自身の聴覚障害を神の恩寵と理解し、「よけいな愚痴《ぐち》が聞こえなくてよい」と肯定的に語るのを耳にしている。障害を唯一神のなせる業として理解し、そこに恩寵をみようとする個人や社会の姿勢が基本だったといえよう。またイスラーム法は、発声による合意が困難な発話障害者については、身体を使った明快な意思表示の法的有効性も認めていた。ちなみに、帝都イスタンブルの宮廷では多くの聴覚障害者が従者として活用され、彼らの身体言語がスルタンを含む宮廷の人々にも理解されていたとする史料記述がある。そして、こうした身体言語がオスマン帝国の諸州にある程度共有されていた可能性についても、現代のトルコとアラブ諸国の手話の意外な共通点などから推論されつつあるのが研究の現状である。

クルアーンが「声に出して読誦されるもの」を意味するように、イスラームの諸学では発話や口承が重視される。このため、聴覚と発声に高度な集中力を

▼ガッズィー(一五七〇～一六五一) ダマスクスのシャーフィイー派のウラマー名家に生まれ、学問修業のすえにウマイヤ・モスクなどでハディース学やイスラーム法学を講じた。一二回もハッジ巡礼を完了したが生涯ダマスクスの中心部に住み、ヒジュラ暦十世紀(西暦十六世紀)の名士一五〇〇人以上の伝記をおさめた『流星』、その続篇の名士伝記集『夜話の優美』など多くの著作を残した。

▼**ダーウード・アンタキー**（?〜一五九九）　アンティオキアに生まれ、イラン人医師の治療に助けられた経験から医学を志し、アナトリアでギリシア語も学んだとされる。ダマスクス・カイロなど各地を旅して、メッカで生涯を終えた。著作には、医学・薬学の総合手引書『覚書』のほか、恋愛詞華集などもある。

示す視覚障害者が社会で重宝される傾向があった。中世後期のシリアの学者サファディーはウラマー・詩人・為政者など約三〇〇人の視覚障害者に的をしぼった伝記集を編んだが、近世には視覚を失った人を慰め励ます内容の論考が書かれた。その背景には、トラコーマなど眼病の患者の多さがあった。そして、視覚障害者の社会参加についていえば、イスラーム社会で極めて重要なクルアーン読誦者やクルアーン読誦学者といった根本啓典にかかわる仕事に、彼らの活躍の広い舞台があり、またムアッズィン（礼拝時刻告知者）や礼拝指導者などモスクの仕事に就く者も少なくなかった。近世アラブを代表する医学者のアンタキー▲も先天的な視覚障害者であった。

イスラーム法は視覚障害者の社会参加を妨げることなく、法廷での証言の権利を除けば、財産権・相続権・契約締結権などイスラーム教徒の基本的な諸権利を彼らにも認め、結婚をめぐる差別もなかった。聴覚障害者の法的権利も同様であった。そして、セイフティーネットとして、家長・親族・地縁による保護や支援に加え、特定の障害者ないしは障害者一般を対象とした多様なワクフが都市を中心に設定されていたことも重要である。前述のアズハルの視覚障害者寮だけでなく、例えばカイロには二九人の視覚障害者をワクフの受益者とし、生活の場を提供するスーフィー修道場なども存在したのであった。

ズィンミーの動向

イスラーム世界はイスラーム教一色の世界だったわけではない。イスラーム国家では人頭税をおさめる非イスラーム教徒は、ズィンミーとして国家の保護対象とされた。近世のアラブ社会でも、ズィンミーの多様なターイファ（宗派コミュニティ）がおのおのの信仰世界を保守しながら、マジョリティのイスラーム教徒たちと共存していた。

アラビア語を話すキリスト教諸派の信徒は、近世にはシリアとイラク北部、そしてエジプトにとくに多く分布していた。キリスト教徒の多く住むレバノンの高地では、マロン派のキリスト教徒がドゥルーズ派の信徒などと折り合いをつけながら暮していた。マロン派信徒はアレッポなどシリアの内陸都市にもいた。同派は早くも十字軍時代にローマ教皇の傘下の「東方典礼カトリック教会」となっていた。このため、一五八四年に同派の学校がローマに設立されるなど、近世ヨーロッパとの交流で先駆的な位置を占めた。シリア教会▲の信徒は、シリアよりもむしろモースル州やアナトリア南東部のディヤルバクル州に多く居住し、その村落社会にはアラム語の話者も残存していた。また、モースル州やシャフリズール州の村々にはネストリオス派▲の信徒が集住していた。彼らは時にオスマン・サファヴィー両王朝の戦争被害者となった。他方、シリアの平地に住むアラブのキリスト教徒には東方正教会▲の信徒が多く、例えば十七世紀末のイェルサレムではキリスト教徒住民の約七割が東方正教会の信徒であったとみられる。また、国際交易都市のアレッポやバスラでは、アラビア語も操るアルメニア教会▲の信徒が商人として活躍した。両都市は、オスマン帝国を中心に「アムステルダムからインドまで」広がる、ディアスポラ・アルメニア人の商業ネットワークの肝要な結節点であった。

　十七〜十八世紀にかけての時代は、シリアや北イラクのキリスト教徒たちにとって激動期であった。第一に、この時期にはアレッポ・ダマスクス・モースルなど諸都市へのキリスト教徒の移住が、イスラーム教徒に比べて明らかにめだっていた。ジェラーリー諸反乱に始まる村落地域の不安定な政治情勢により、

▼シリア教会　受肉後のキリストの本性は神性のみとする、いわゆる単性説の反カルケドン派教会の一つ。カトリック化した分派のシリア・カトリック教会と区別してシリア正教会ともいう。ヤコブ・バラダイオス(五七八没)にちなんでヤコブ派(ヤアーキバ)とも呼ばれるが、異端視の傾向のあるその呼称は、単性説諸教会を広く指す場合もあり、注意が必要である。

▼ネストリオス派　キリストの人性と神性の区別を強調したネストリオスが四三一年のエフェソス公会議で断罪されたのち、その支持者を中心にエデッサ、続いてササン朝ペルシア帝国で形成されたキリスト教の一派。東方伝道で中国に広まって景教と呼称された。アッシリア教会とも呼ばれ、カトリック化したその分派はカルデア・カトリック教会という。

▼東方正教会　十一世紀の東西教会分裂でカトリックと袂を分かち、ビザンツ帝国の正統教義を共有してゆるやかに統合された諸教会。ギリシア正教会という別称も用いられる。

立場の弱いズィンミーがより安全な都市をめざしたものとみられる。なお、こうした移民の流入によるキリスト教徒の都市人口の増加は、農村社会が比較的安定していた同時期のエジプトでは確認されていない。

第二に、カトリックの布教とその帰結としての東方典礼カトリック諸教会の出現である。この問題が集中的にあらわれたのが、ヨーロッパ商人が多く居留するアレッポであった。一六二〇年代からシリアにおけるカトリックの活動の中心はこの隊商都市だったが、一六七三年のオスマン帝国とフランスの間の条約が、カトリック聖職者の布教の自由化を促進した。その結果、アレッポでは諸教会の分裂が問題となり、とくに東方正教会ではカトリック化して離れる人々が多数派になった。こうして東方正教会から分立したメルク・カトリック教会では、典礼用語が従来のギリシア語からアラビア語となる興味深い変化もみられた。そしてこれにともなって、一七〇六年に帝国初のアラビア語の印刷所がアレッポに出現したのである。

こうした東方典礼カトリック諸教会の信徒を中心に、在アレッポのヨーロッパ諸国の領事館のスタッフとなる土着のキリスト教徒が増加した。オスマン帝

コンスタンティノポリスを征服したオスマン帝国は、東方正教会とその信徒たちの保護主体であり続けた。アラブ地域には、古代総主教座の後身である三つの総主教庁(アレクサンドリア・アンティオキア・イェルサレム)が現存する。

▼アルメニア教会　六世紀以降に単性説を受け入れたアルメニア人の民族的教会。十一世紀中葉にアルメニアのバグラト朝が滅亡すると、多数のアルメニア人が移住してキリキア・アルメニア王国(一〇八〇〜一三七五年)を成立させた。以後、アナトリア南東部とシリア北部はアルメニア教会にとって故地と並ぶ重要地域となった。

▼**イムティヤーザート**　オスマン帝国スルタンが友好国のヨーロッパ人居留民に与えた通商上の諸特権。特権の付与は、帝国内への物品の供給を重視する「供給主義」の経済思想にもとづく恩恵的なものだったが、領域外で商う帝国臣民に対する友好国の保護という互恵性も期待してのことであった。十四世紀以来のヴェネツィアに続き、一五六九年にフランス、八〇年にイギリス、一六一二年にオランダへも付与されたが、十九世紀には不平等条約と化した。

国は、ドラゴマン(通訳、アラビア語でトゥルジュマーン)として働く彼らをベラートル(特許状保有者)として公認し、イムティヤーザート▲の対象であるヨーロッパ居留民に準ずる商業上の特権を与えた。当初、その数は各領事館にドラゴマン四人とその従者のヒズメトカール二人と制限されたが、増加を続け、一七九五年にはイギリス・オランダ・フランス・シチリア王国・スウェーデンなどの領事館に四六人のドラゴマンと六九人のヒズメトカールを数えるまでとなった。国際交易に従事するヒズメトカールの実態は商業エージェントであり、こうしたなかからヨーロッパとオスマン帝国の間で「買弁商人」として成功するアラブのキリスト教徒の名家も出現した。

人口稠密《ちゅうみつ》のエジプトでは、コプト(コプト教会信徒)が住民の約一割を占め、彼らはアラブ地域で最大規模のズィンミーの宗派集団であった。コプトは農村部にも多く分布し、また彼らの多く住む都市(アレクサンドリア、マハッラ・クブラー、アスユートなど)もあった。同教会はエジプト州総督が公認する総主教を頂点とする聖職者組織を有したが、中世後期にアルホン(アルフーン)と呼ばれる有力俗人信徒が総主教を凌ぐ実力をもち始めた。その傾向は近世にいちだんと強まり、アルホンたちは徴税官や書記、とくに有力軍人の家産の運営者として活躍し、総主教の選出も左右するようになった。代表例がカーズダグリーヤの領袖に仕えたスルージー兄弟と、フランス占領期にかけて頭角をあらわしたジャウハリー兄弟である。前者は教会建設をおおいに支援し、後者はたくみに資産を形成してカイロのエズベキーヤ地区に一六〇をこえる物件を保有した。総主教とアルホンの協力も重要であり、一七〇九年には総主教ユアンニス十六世が率いるイェルサレム巡礼団のため、アルホンの長が巡礼道沿いのアラブ諸部族に金品を贈り、エジプト州総督の命令書もえて安全な道行を実現した。オスマン帝国はズィンミーの巡礼を当然の権利とみなしたが、ハッジ巡礼のような手厚い保護は望めず、ズィンミーたちには巡礼環境を整える独自の努力が必要だったのである。

　この地域のユダヤ教徒の圧倒的多数は都市居住者であった。ラビ的ユダヤ教やカライ派▲の信徒に加え、イベリア半島を追われて近世オスマン帝国に安住の地を見出したセファルディーム系ユダヤ教徒もアレッポなどで商人として存在感を示した。アレッポやイェルサレムのセファルディームはユダヤ・スペイン

▼カライ派　九〜十二世紀にイェルサレム・カイロなどを中心に東アラブ地域で隆盛し、地中海圏や東欧などへも拡散したユダヤ教の一派。徹底した聖書主義の立場から口伝律法の局限化や否定の傾向を示した。一五九七年、カイロのユダヤ教徒集住区のパン工房がカライ派の貧民向けワクフの物件であることがイスラーム法廷で確認されたが、関連証書によればその訴人は同派に属する金銀細工師や香料薬種商などであった。

語も保持しつづけたが、この地域のユダヤ教徒は基本的にアラビア語を話す「アラブのユダヤ教徒」であった。彼らは両替や遠隔地交易に従事し、税関行政でも枢要な役目をはたした。エジプトでは、一七六〇年代末に後述するアリー・ベイがシリアから移住してきた東方典礼カトリック信徒を重用するまで、ユダヤ教徒がアレクサンドリアやブーラークなどの税関業務を独占的に管理していた。

注目すべきはバグダードである。このイラクの中心都市は、十七世紀にサファヴィー朝下のイランからの避難者も受け入れ、最大規模のユダヤ教徒コミュニティをかかえ、またユダヤの知的活動でも中心的位置を占めた。第一章でふれた「バグダードのマムルーク政権」と結びついたこの地のユダヤ商人たちは、バスラ港からペルシア湾・インド洋へと交易ネットワークを広げていった。その一人のダーウード・サースーンは、「バグダードのマムルーク政権」末期のダーウード・パシャ(在任一八一七〜三一)の圧政をきらい、イギリスの拠点ムンバイへと移住して大成功をおさめ、著名なサスーン家の礎を築いたのである。

④—近世アラブの社会と経済

農業と農産加工

アラブ地域の大部分は乾燥地であったが、大小の河川の灌漑、天水や湧水の利用によっていとなまれる農業が社会・経済の基盤をなしていた。小麦・ソラ豆・レンズ豆・ヒヨコ豆・ハウチワ豆などの豆類、米▲、ゴマ、タロイモ、オリーブ、ナツメヤシ、各種野菜、スイカ・イチジク・ブドウ・オレンジ・レモンなどの果物といった都市・村落の定住民や遊牧民の食生活を彩る農作物に加え、シリア・北イラクの綿花、レバノンの絹のような繊維素材の国際・域内市場向け生産も近世にはさかんであった。ここでは、エジプトにおいてもっとも重要な商品作物の一つであった亜麻の生産と加工に的をしぼることにしよう。

ムハンマド・アリー▲の時代の一八二〇年代以降、デルタを中心に長繊維の綿花(ジュメル種)の栽培が広がり、やがてエジプトは綿花生産地へと特化し、西欧中心の資本主義的な世界体制に従属的に組み込まれていくことになる。しかし、それまでの主要な繊維素材は、古代にミイラの包帯にも用いられた亜麻で

▼米　エジプトでは中世・近世をつうじ夏作物として米が生産されたが、高価で小麦のような「主食」ではなかった。オスマン帝国期の主産地は水の豊かなデルタ北西部であり、地中海の港ロゼッタが脱穀精米と輸出の基地であった。また、エジプト州総督はスルタン宮廷用に毎年多くの米を確保し、イスタンブルへと送り届ける役目を負っていた。

▼ムハンマド・アリー(一七六九～一八四九)　エーゲ海の港カヴァラの出身。クルド系ともいわれる。フランス占領末期にオスマン軍将校としてエジプトへ。フランス軍撤退後の動乱期にカイロのウラマーや市民の支持を集め、エジプト州総督に就任(一八〇五年)。野心的な富国強兵策を断行し、「ナイル国家」の膨張とオスマン帝国からの離脱をめざした。終生アラビア語を話さず、メフメト・アリと呼ぶべきとする向きもある。ムハンマド・アリー朝(一八〇五～一九五三年)の創始者。

あった。古代ローマの地中海世界で圧倒的な小麦生産地だったエジプトが、十一世紀を境に食糧不足や飢饉をときどき経験するようになったのは、商品作物である亜麻の生産地が拡大したことに起因したとする説もある。

亜麻はナイルの水に長期間浸る低地で栽培された冬作物で、近世の主産地はデルタの中央部、エジプト中部のファイユーム地方、上エジプトのアスユートやミニヤの周辺であった。なおこの時代には、綿花はパレスチナ北部などのシリアからカイロやマハッラ・クブラーなどの綿布生産都市へともたらされていた。フランス占領期のアスユート地方に関する学術調査の記録によれば、亜麻の種子は冬至の頃に蒔《ま》かれ、翌年四月に手で引き抜いて収穫され、束にされた。亜麻束はラクダで農村の作業場に運ばれ、そこで農民や季節雇いの賃労働者がバッラースと呼ばれる特殊な壺の凹凸面に束を強く打ちつけ、種子を取り出した。種子は町や村で生産される亜麻仁油の原料となった。なお、中世・近世のエジプトではシリアと異なり、オリーブ油よりも亜麻仁油・ゴマ油・ベニバナ油が食用として重要であった。

種子を除去したあとの茎は、村内にある深さ一メートル半ほどの大プールで二週間以上も浸水された。その後、日なたに広げ十分に乾燥させ、石の上にすえて棒で叩き(スカッチング)、続いて櫛状の道具で梳《す》く(ヘクリング)。このようにに村落共同体による加工をへてえられた亜麻繊維は、都市や村でリネン(亜麻布)に織り上げられ、あるいは繊維束のまま地中海の港からマルセイユなどヨーロッパの港に輸出された。なお、近世オスマン帝国で随一のリネン生産都市だったマハッラ・クブラーには、大規模なリネン取引所や亜麻仁油専門の商館があった。この町では、リネン取引で富裕化したムカッダム家のような織物商人の名家がアーヤーン(地方名士)の一角を占めた。また、この町の商人たちは、一大消費地であったカイロの北西部のシャアリーヤ門界隈にも商業拠点を保持していた。

農村の社会と経済

広大なアラブ地域では農村の生業形態、さらには社会構造も一様ではなかった。また古代から農村部への貨幣経済の浸透が顕著であったが、その点でも地域差はあった。貨幣経済についてやや後進的だった上エジプト農村の納税は、オスマン帝国期になってもおもに現物納であり、他方、デルタ(下エジプト)では貨幣納であった。ここではデルタのほうに照準を定め、当時の農村の社会や経済を注視してみよう。

十七世紀以降、他地域の帝国諸州と同様にデルタでもイルティザーム制が展開し、ムルタズィムは「スルタンの代理人」として担当の村の支配者のごとく振る舞うようになった。しかし、彼らは州都のカイロや地方の中心都市に居を定めていた。このため、実際には配下の現地差配人が村長をつうじて村を管理し、コプトの徴税人が税を集めた。

前述のように同世紀末以降に終身徴税請負のマーリカーネ制へと移行すると、従来の軍人に加えて大商人、有力な学者、名家の女性などがムルタズィムとなるケースがめだつようになった。エジプトにおけるムルタズィムの総数は、十七世紀中葉から十八世紀末までに約二・五倍に増えた。こうした徴税請負の細分化の主因は、請負権の分割相続▲であった。それは、村長の力の相対的な強化にもつながった。マーリカーネと化した徴税請負権はまもなく売買・賃貸借・抵当の対象となり、前述のアリー・ベイの登場に始まる動乱期にいたるまで、

▼分割相続　被相続人が死亡すると、その遺産(タリカ)から葬儀費用や債務が支払われ、遺贈(ワスィーヤ)がおこなわれ、残余が法定相続人たちの間で分割される。スンナ派法学における相続の分割方法は複雑である。イスラーム以前のアラブ社会の慣習法において相続は成年男子にかぎられていたが、これに対し、被相続人の血族や配偶者の女性、未成年者にも相続権を認める点がイスラーム法の特長といえよう。

「徴税請負権市場」はおおいに活性化した。このため、州政府は徴税請負権の譲渡に関する記録台帳を新たにつくり、その管理・掌握に努めなければならなかった。

　デルタでは世帯主の農民が土地を保有し、耕作と納税の義務を負った。世帯は家族周期の一局面である核家族や複合家族で構成され、男女の従者や奴隷・解放奴隷が含まれることもあった。イスラーム法では均分相続が原則だが、土地保有権や共有資産は分割されず世帯が継承した。ムハンマド・アリーの改革直前のダカフリーヤ県▲では、五フェッダーン▲未満の土地の保有者が全体の六割強、五以上五〇未満のフェッダーンの保有者が三割強を占めた。五〇フェッダーン以上の大土地保有者の数は全体の三%あまりにすぎなかったが、保有地面積の総計は耕作者保有地の全体の約四分の一に達した。農村の階層分化は十九世紀に加速するが、すでに十八世紀の段階で土地保有は不均等だったのである。

　また、農地を国有地とみなすオスマン帝国の基本原則に対して、十八世紀のアラブ地域では耕作者の農地の保有権・相続権の不可侵性を強調し、あるいは農地をその耕作者の私有地とみなすイスラーム法学者たちの主張が勢いづいた。

▼ダカフリーヤ県　エジプト州のデルタ北東部の県。県都はマンスーラ。

▼フェッダーン　アラブ地域の面積の単位で、原義は牛の軛《くびき》。十八世紀のエジプトでは一フェッダーンが約四二〇〇㎡。

▼ヒヤル　イスラーム法において、ある目的の達成に障害がある場合に他の目的のための合法的手段を用いてこれを達成すること。非合法の目的を達成するヒヤルは脱法行為といえる。オスマン帝国の筆頭法学派のハナフィー派は、スンナ派四法学派のなかでもっとも広範にヒヤルを認めた。

そしてそれは、ムフティーの法勧告をつうじて、イスラーム法廷の判決にも影響をおよぼしたのである。

アラブ地域の農村経済は中世以来、自給自足的ではなかった。とくに近世のデルタ農村では大小の都市や定期市を核とした商業的交換がますます活気をおび、ナイル分流・運河網・農道をつうじて人・モノ・貨幣が目まぐるしく移動した。都市・農村間や農村同士の特産品交易もさかんであり、他方、遠隔地交易はタバコ・コーヒー・織物・銅製品など多様な商品を農村にもたらした。州都カイロやロゼッタ、マハッラ・クブラー、マンスーラのような中核都市の商人は農村に対しても積極的に投資し、商品価値の高い米の先物買いや農民への前貸しをおこなった。また、商人の前貸しを受けてこれを又貸ししたり、金融業に精を出したりする「農民商人」の村長もいた。オスマン帝国ではヒヤル▲の活用、さらには、年利一〇％程度ならばクルアーンの禁じるリバー(利得)にあたらないとする法見解も有力であり、金融業がじつは活発だったのである。

県の下位区分であるナーヒヤ(郷)には中心村落に加えて複数の枝村があり、各村には一人または複数の村長がいた。村長は、村の代表として村内および隣村との間の紛争や事件を調停し、贈答や互酬といった手段でムルタズィムや現地差配人と良い関係を保ち、農民や農地に詳しいシャーヒド(公証人)、ハウリー(灌漑土手の管理人)などの村の助役と協力して徴税原簿を作成し、徴税組織の末端で責任を負った。村長は相続などで広い保有地をもち、一定の免税特権を与えられ、商業や金融業にも手を染める村の富裕者であった。一七三三年の法廷記録によれば、ガルビーヤ県のある村長の遺産総額は保有地や共有資産を除いて六万六〇〇〇ニスフをこえ、それは都市の有力商人に比肩する財力であった。

なお、ワクフによる慈善行為は都市、なかでも大都市に集中する傾向があったが、限定的ながら農村向けのワクフも存在したことを付記しておきたい。例えば、十八世紀のダマスクスのあるワクフには、近郊のダーライヤー村の貧農の救済を目的とした「貧民の小麦」という慈善項目が設定されていたのであった。

アラブ遊牧民と定住社会

ベドウィン（アラブ遊牧民）といえば、まず襲撃や略奪が想起されるかもしれない。実際、ダマスクスやカイロからのハッジ巡礼団は重装備の正規軍に護衛され、メッカでハッジ儀礼の終了後に催されるマウスィム（大市）を目的の一つとした。それは、多くの金品を持参した巡礼者たちをねらうアラブ遊牧民への対策といった意味合いが強かった。当時の都市で書かれた種々の史料に「襲撃するベドウィン」像を求めることは難しくない。しかし、こうしたステレオタイプにとらわれるべきではない。

シリアではアラビア半島やイラクと同様に、ベドウィン諸部族の勢力が強かった。しかし、十六世紀には部族長たちが知行地（ティマール）を授与され支配体制に組み込まれることも多く、十七世紀以降は沿道警備や補助軍としてのベドウィンの活用も進んだ。近世のベドウィンは、持ち前の機動性に加えて銃を操ることでいちだんと強力な攻撃主体へと変化していった。他方、農産物・農産加工品・手工業品の消費と牧畜製品や食肉・使役用家畜（馬・ラクダ・羊など）などの供給の両面で、ベドウィンの地域経済への貢献も重要であった。ダマスクス州エルサレム県では、ベドウィンの存在が都市の名産品である石鹸《せっけん》の生産にも欠かせなかった。石鹸にはオリーブ油とともに灰（アルキルウ、つまりアルカリ）が必須だったが、ベドウィンは沙漠のニガヨモギを燃やし、その灰を都市にもたらした。他方、ベドウィンが村の警護を担い、農民と連帯し当局の圧政に抗することもあった。さらにいえば、農民・漁民とベドウィンの間の境目の曖昧さや互換性にも留意する必要がある。

　灌漑農業地帯のエジプトでもベドウィンの威勢は強力であった。アラビア半島との交流が深い上エジプトの社会では、紅海をこえてベドウィンが断続的に流入したことから、部族的結合がとくに強固であった。そこでとくに顕著な勢力拡大を示したのは、マグリブを故地とし、十四世紀末にマムルーク朝の誘導策で上エジプトに定着し、半農半牧の生活をいとなむハウワーラ族であった。もともとイマズィゲンであったがエジプト流入後にアラブ化したハウワーラ族は、多くの氏族集団から構成され、中心拠点をファルシュートにおいた。一七三〇年代にその地で族長となったフマームの代に、その勢力は頂点をむかえた。

　フマームの経済基盤は、族長だった父から引き継いで加増した、ギルガー県の莫大なマーリカーネであった。一六六四年以降の上エジプトでは、ミニヤから アスワンまでの諸県を一つにまとめてギルガー県とし、そこを強力な県総督がおさめる体制となっていたが、フマームはこの巨大県を実質的に支配するまでになった。一七四九年の時点でフマームと同部族の有力者たちが同県の全二一の徴税区域のうち一〇の徴税を請け負っていたが、一七六七年にはフマーム個人のマーリカーネ保有が一六に達した。彼はコプトたちを使ってマーリカーネの対象村を管理し、マジュリス(会議)を主宰して農民やベドウィンの紛争の解決にも努めた。現在ファルシュートに住んでいるフマームの子孫は、訴願に応じ作成された彼の命令書の写しを保管している。「上エジプトの王」フマームは敬虔《けいけん》なムスリムとして、ファルシュートなどにモスクを建て、ワクフを設定した。

フマームの配下の兵数は三万五〇〇〇人といわれたが、アリー・ベイが送り込んだアブー・ザハブの軍に敗れ、一七六九年、エスナーの近くで約六〇年の生涯を閉じることになる。フマームの興隆は、ベドウィンの族長の「アーヤーン化現象」としても注視に値する。

なお、アラブ遊牧民に比べると数は少ないが、近世のシリア内陸部にはトルコ遊牧民(トゥルクマーン)の諸集団も生活していた。例えば、ダマスクス東方のマルジュの地にいたアルブーズやファフキーヤなどの遊牧集団は、羊の供給者としてダマスクス社会にとって重要な役割をはたしていた。

シャリーフの威勢

中世後期には、スーフィズムと聖者崇敬、それらと連動した預言者ムハンマド信仰がアラブ地域でも流行をみた。近世は、こうしたイスラームの多面展開と文明的拡充が進んだ時代であった。そうしたなか、聖者崇敬の一様態でムハンマド信仰とも密接にかかわるシャリーフ崇敬、つまり、ムハンマドの子孫に対する社会的尊崇も重要度を高めたのである。

厳密には、ムハンマドの娘ファーティマと、ムハンマドの従弟で第四代正統カリフのアリーの間に生まれた、長男ハサンの子孫はシャリーフ(複数形がアシュラーフ)、次男フサインの子孫はサイイド(複数形がサーダ)と呼ばれる。しかし、その区別はしばしば曖昧であった。ここでは両方を総称してシャリーフと呼ぶ。シャリーフはいつも名士だったわけでなく、その実態は多様であった。シャリーフの州総督もいたし、スーフィー教団の長もしばしばシャリーフ家系が継承した。遊牧民や農民のシャリーフも少なからず存在し、ベドウィンの定住地にはシャリーフばかりが集住する村まであった。

シャリーフの地位は男系だけでなく女系でも継承された。さらに、社会の崇敬だけでなく税制上の優遇もあったことから、系譜の偽造や購入などによる「偽シャリーフ」があとを絶たず、近世にシャリーフと称する人々が増加した。こうした「血統カリスマ」の管理と統制を担った公職が、ナキーブ・アルアシュラーフ(シャリーフ監督官、以下ナキーブ)である。シャリーフに対する特別な司法権をもつナキーブは、自らもシャリーフであり、地方都市の副官を束ね、州のシャリーフ社会を統率した。エジプト州では、州総督主宰のディーワーン(定例会議)のメンバーとして、州の政治にも発言権を保持した。

シャリーフの威力がとくに強かったのがアレッポである。十七世紀以降、諸都市で土着化したイェニチェリ軍の力が強まったが、アレッポではその「ベドウィン化」が進み、周辺地区を拠点とした。これに対してシャリーフ集団が市壁内の商工業者の支持を集め、十八世紀に軍事集団として台頭した。軍事力はイェニチェリのほうが上だったが、一八一九年の民衆運動の成果として、アレッポにシャリーフの自治政権が短期ながら出現した。同様に、イェルサレムでは県総督の統制強化と富の収奪に不満をもった市民が一七〇三年に蜂起し、ウラマー・農民・下級軍人も加わった「革命政権」が現出し、二年以上も続いた。そこで最高指導者として街区長を率いたのも、同市のシャリーフたちを束ねるナキーブであった。

シャリーフが重職を担いつづけた都市といえば両聖地である。マムルーク朝は、メッカでハサン系、メディナではフサイン系のシャリーフ名家の長にアミールの位を与え、彼らをつうじて両聖地を間接的に統治した。この体制をオスマン帝国が引き継いだ。メッカでは十三世紀以降、シャリーフのカターダ家がアミール位を独占し、それは一九二五年まで続いた。同家の威勢は、地域通貨のマスウーディー銀貨を鍛造して、この地の年代記作者に「スルタン」と記されたシャリーフのムハンマド(在位一四五五〜一五九七)の頃から強くなり、ハサン(在位一五六六〜一六〇一)の時代までメッカ社会を安定的におさめていた。

両聖地のシャリーフ名家の対抗勢力が、マムルーク朝とその後継のオスマン帝国の宮廷と直結した聖地の宦官《かんがん》たちであった。十三世紀以降、メディナのフジュラには宦官が常在し、聖域へのアクセスを管理した。王や有力者の家と墓(＝死後の家)を守る存在の宦官がムハンマドの墓に配置されたのは、自然のなりゆきであった。マムルーク朝期に四〇人だったフジュラの宦官はオスマン帝国期に約三倍に増え、さらにメッカの聖モスクにも約八〇人が配置されるようになった。エチオピア出身のバシール・アーガーは、カイロの有力軍人の家からトプカプの後宮に進出し、十八世紀前半に黒人宦官長として権勢を極めたが、彼の履歴のなかにもメディナの宦官長職があった。帝都の宮廷から両聖地の中心に送り込まれた宦官たちは、シャリーフ名家を牽制する役目を負ったのである。

タージルと経営

少なくとも十八世紀の前半まで、近世アラブ地域の経済はおおむね好調であり、遠隔地交易に携わるタージル(大商人・紳商)たちの活躍はめざましかった。

▼フジュラ　メディナの預言者モスクにあるムハンマド廟。フジュラとラウダ(同モスク内のフジュラからムハンマドの説教壇にかけての区域)は、中世後期以降にムハンマド崇敬が特段の隆盛を示すにつれ、憧れの聖域としての性格を深め、ムハンマドの執り成しを希求する多くの参詣者を集めた。

黒人宦官長バシール・アーガー(レヴニーの祝祭画より)

▼バシール・アーガー(一六五五?〜一七四六)　トルコ語でベシル・アア。エチオピアに生まれ、フィカーリーヤのベイの宦官奴隷に。奴隷身分から解放され、カイロから帝都へ移り、有力宮廷宦官の従者から宮廷ハレムの財務長に(一七〇七年)。キプロスに一時追放されるが、メデ

タージルたちは商業網を広げ、コーヒー・香辛料・織物などの国際商品を大規模に取り引きし、リスク分散のために多角経営を心がけた。十八世紀前半の代表的な富商に、アレッポのアミーリー家のムーサー、モースルのナウマ家のアリー、前述のシャラーイビー家のカースィムなどがいた。カースィムは八八五万ニスフという莫大な額の資産を残した。借金を残して死ぬ商人も少なからずいたわけで、イスラーム的慈善・救貧による富の再配分がかなり機能していたとはいえ、都市社会における貧富の差は大きかったといえよう。

ここでは、スーダン▲との交易に従事したカイロのタージルに注目したい。カイロはオスマン帝国のアフリカ交易の要地でもあり、とくに二つのスルタン国▲があるセンナールとダールフールとの隊商交易が活性化した。ダールフールとの交易ルートは、オアシス経由の沙漠道の「四〇日の道」であった(四三頁の地図参照)。同国のスルタンが派遣する隊商もあり、そのさいはギルガー県総督の代理人がハルガ・オアシスの南端に出向いて、隊商長(ハビール)とその一行を出むかえた。隊商は五〇〇〇頭ものラクダからなり、一七八二年には二万四〇〇〇頭にも達した。ダールフールのおもな商品は、男女や宦官の奴隷、天

ィナの宦官長となり(一五年)、続いて宮廷の黒人宦官長に就任した(一七年)。アフメト三世・マフムト一世時代のハレムで絶大な力を誇り、イスタンブル・カイロ・スヴィシュトフ(現ブルガリア)に慈善施設を建て、寄進に励んだ。

▼スーダン　アラビア語で(ビラード・アッ)スーダーン。アフリカのサハラ沙漠以南のサバンナ地帯を広く指す語。ムハンマド・アリーのエジプト政権が一八二〇年代に支配下においたナイル上流域の「エジプト領スーダン」は、こうした歴史的スーダーンの一部分であった。

▼二つのスルタン国　フンジュ・スルタン国(一五〇四〜一八二一年)とダールフール・スルタン国(十七世紀中葉〜一九一六年)。前者はアラブ化したムスリム王権をいただき、青ナイル川流域のセンナールを首都、紅海のサワーキンを主要港として、北はドンゴラから南はエチオピア近くまで領土を広げた。後者はカイラ・スルタン国ともいい、コルドファンとワダイの間の現スーダン西部を支配したイスラーム国家。首都フ

然ゴム、象牙、水筒革袋、ダチョウの羽、タマリンド、▲サイの角、ラクダであり、センナールからも象牙・天然ゴム・ラクダ・奴隷がエジプトにもたらされた。エジプトからは織物、銅や鉛などの金属、香辛料、武器火薬、サンゴやタカラガイ、ヴェネツィア産のビーズなどが輸出された。

この遠距離交易の輸送商人はジャッラーバと呼ばれたが、その取引相手は、カイロ中心部のジャッラーバ商館を拠点とする卸商たちであった。卸商の半数以上は「四〇日の道」の終点のアスユートやタイティリーヤなど上エジプトの出身者であった。卸商とジャッラーバ商人の間では協業契約が結ばれ、取引では掛売買が一般的であった。卸商のバンナーウィー(?〜一七六二)はジャッラーバ商館の卸商組合長職を父から継ぎ、組合員の信頼を集め三〇年近くも務めあげた。スーダン交易の卸商たちは出自にかかわらず単一の同職組合をなし、共存共栄を旨《むね》とした。なお、ジャッラーバ商館には奴隷交易への課税のために収税吏が常駐し、売買証書をかねた納税証明書を発行していた。

スーダン交易で巨利をえたバンナーウィーは、マムルーク朝のスルタン・ガウリーのワクフの物件だったジャッラーバ商館の全体を個人で借り受け、各部

アーシルの北西に位置する「四〇日の道」の起点のコッベイが交易都市として栄えた。

▼タマリンド　熱帯アフリカ原産のマメ科の常緑高木で、果実が酸味料・甘味料として用いられる。アラビア語では「タムル・ヒンディー」(インドのナツメヤシ)という。

ジャッラーバ商館（ロバート・ヘイの画集より）

分を又貸しする商館経営者でもあった。同商館は一七五一年の時点で、四五の倉庫と四九の部屋を備えていた。「バンナーウィー」は「建設者」に由来する綽名《あだな》で、それは、同商館の増改築や自宅の新築など建設活動に情熱をそそいだことによる。しかし、この名物組合長の死亡時の収支バランスは大赤字であった。保有資産の総額は六万ニスフあまりだったが、上記ワクフへの未払い金などの負債がその約三倍もあったのである。

つぎにイェルサレムの石鹸のタージルと石鹸工房に目を向けよう。十六世紀のイェルサレムには一八の石鹸工房があった。製造過程で廃物が多くでるため、石鹸工房は都市のやや周辺部に位置し、オリーブ油が取り引きされる「油商館通り」に集中していた。オリーブ油貯蔵用の大穴をもつ工房はしばしばワクフ物件とされ、例えばバイラーミーヤ工房の賃貸収入の半分は、この聖地の貧しい巡礼者の宿のために使われた。工房は、経営者・工房長・職人（親方と徒弟）によって操業された。長期に勤続する工房長に対し、職人たちはこの都市の石鹸職人の組合に属しながら工房を渡り歩くこともあった。工房の所有者または賃借者であった経営者はタージルとして、原材料の供給や石鹸販売などを担当

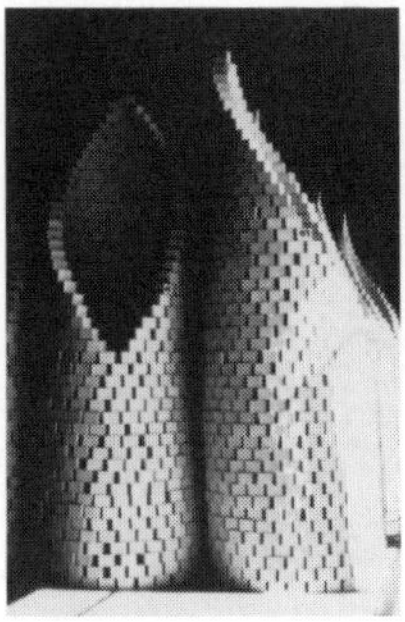

ナーブルスの石鹸タワー

した。十六世紀中葉の商人イブン・サンムームのように、複数の石鹸工房の富裕な経営者もいた。定評あるイェルサレム石鹸はオスマン帝国各地で消費され、ヨーロッパにも輸出された。主要な販売先は大消費地のエジプトであり、とくにカイロ中心部でシリア商人が多く活動するジャマーリーヤ界隈の石鹸商館へと大量に運び込まれた。

港町とヨーロッパ人——スエズとサイダー

十九世紀後半にスエズ運河南端の近代港となるスエズ(スワイス)には、セリム一世のエジプト征服のあと、オスマン帝国の海軍基地がおかれていた。スレイマン・パシャのグジャラート遠征(一五三八年)やピーリー・レイス▲のホルムズ遠征(一五五二年)など、そこはイスラーム教徒を敵視したポルトガルに抗するインド洋艦隊の拠点港であり、ペルシア湾内奥の港バスラと対をなす帝国の重要港であった。中世にクルズム▲と呼ばれたスエズは、近世にはいるとメッカの外港ジェッダとさらに緊密に結ばれるようになった。両港をつなぐ海上ルートは、豊かなインド洋物産を地中海圏にもたらす紅海交易、そしてアフリカか

▼ピーリー・レイス(?〜一五五三)　ガリポリ生まれのオスマン帝国海軍司令官。航海案内書『キターブ・バフリエ』の作成者。一五四七年にスエズ提督となり、四九年にアデンを再征服したが、ペルシア湾での失策を理由にエジプト州総督によって処刑された。

▼クルズム　古代におけるクリズマ。イスラーム初期・中世にはスエズ湾、さらには紅海全域が「クルズムの海」と呼称された。

らのメッカ巡礼の幹道となった。カイロからの巡礼道ではシナイ半島横断後にアラビア半島の紅海沿岸を南下する陸路も重要であった。ハッジ巡礼団はこの沙漠道をラクダで進んだ。その宿駅のアジュルードもスエズのすぐ北に位置していた。

後背地に恵まれないスエズには飲水や食料の不足という難題があり、人口は数千程度にすぎなかった。一六六六年にシナイ山巡礼の途次にスエズを訪れた、アントニウス・ゴンザレス▲は、「日干し煉瓦の建物ばかりのこの重要な港町には、すべての水がラクダ・ラバ・ロバで遠くから運び込まれる」と記している。それでもこの紅海の港には、多額の税収をもたらす税関と、カイロやヒジャーズの商人とそのワキール(代理人)が拠点とする一八の商館があった。

一六三五年、カースィム朝の勢力拡大によってイエメン州が消滅すると、「オスマンの南海」だった紅海は南北に分断される。いわゆる「ジェッダ・ギャップ」の出現である。ジェッダ港を境に、北半分ではオスマン帝国とカイロ商人が、南半分ではカースィム朝とインドのグジャラート商人がそれぞれ主導的な勢力となったのである。オスマン帝国は両聖地の防衛のためヨーロッパ勢

▼**アントニウス・ゴンザレス**(一六〇四〜八三)　ネーデルラントのメヘレンでスペイン人家庭に生まれ、フランチェスコ会の神父となる。一六六四年にアントウェルペンから船出し、シチリア経由で翌年にイェルサレム巡礼をはたす。ベツレヘム・ダミエッタをへてカイロに約一年間滞在。その後、アレッポ・ダマスクス・トリポリ・キプロス島などを旅し、イスケンデルンからリヴォルノ経由で六八年末にアントウェルペンに帰還する。七三年、同地でイェルサレム巡礼記を出版。

力の紅海進出を禁じたアイユーブ朝以来の伝統を継承してきたが、以後、上記の北半分に限定してヨーロッパ勢力の侵入を阻止するかたちとなった。

十八世紀後半にこうした管理体制を打ち破ったのが、前述のアリー・ベイである。ヴェネツィア商人のロゼッティやコプトのムアッリム・リズク▲などキリスト教徒を側近として重用したアリー・ベイは、一七六八年、エジプト州総督を脅して、ヨーロッパ人に対するスエズ開港を断行した。そしてまもなく、ヴェネツィア商人がスエズとイエメン港市との間の紅海交易に参入し、コーヒー豆などの商品輸送を始めた。中世以来、ヨーロッパ人にとって閉鎖的であった紅海全域がついに開放され、続くアブー・ザハブの時代にはベンガルのイギリス商人もスエズ進出をはたすこととなる。

続いて地中海に目を転じよう。近世のシリア海岸部では、「アレッポの港」のイスケンデルン、トリポリ、サイダーなどが国際港として栄えた。マムルーク朝期に小港だったサイダーは、市の北部に大宰相ソコッル・メフメト・パシャ(一五〇五～七九)が大きな商館を新築したのを機に、南シリア随一の港へと成長した。この施設は十七世紀初頭にフランス領事館として使われ、「ファラ

▼ムアッリム・リズク(?～一七七〇)　別名リズクッラー・バダウィー。財務書記を務めたコプトのアルホン(有力俗人信徒)。アリー・ベイの側近として重用され、コプト社会を保護する役割をはたした。その配下のイブラーヒーム・ジャウハリーもカーズダグリーヤのイブラーヒーム・ベイに仕え、同様の役割を演じた。

▼ファランジュ　「フランク人たち」を意味するが、西欧のキリスト教徒を広く指して用いられる。フィランジュともいう。

ンジュ▲商館」と呼ばれるようになる。大宰相の建設事業とワクフ設定は、ダマスクスと直結する商港の発展を促す有効な投資であった。この方向を継承して一五九三年に拠点をここに移したマアン家のファフル・アッディーン二世は、町の中心に本拠となるサラーイ(宮殿)を構えた。第一章で述べたとおり彼が処刑されると、ダマスクス州総督が接収した。この総督が自身の両聖地向けのワクフ物件としたマアン家の旧ワクフ物件には、サイダー市内の三四の住宅、税関近くの二つの商館、五六の店舗、マクハーやハンマームが含まれていた。続く十八世紀前半には、同港のマーリカーネを握って台頭した地方名家のハンムード家が、商館・ハンマーム・大邸宅などの建設に励み、港町の空間はますます充実した。

一六六〇年のサイダー州の確立も州都サイダーの重要性を高めた。この港の国際交易では、フランスのマルセイユ商人が独占的に活動した。十八世紀にアラブ地域の地中海交易で彼らは大活躍をしたが、シリア製綿布やエジプト製リネンなどアラブ地域産織物のフランスへの輸出も少なくはなかった。スペイン産の羊毛を用いたラングドック製毛織物を輸入したアラブ地域が対価に原料を

現在のサイダー

供給する、といった単純な交易構造ではなかったのである。しかし、シリア産綿花・綿糸のフランスへの輸出量の大きさもまた確かであった。その多くは、マルセイユからブルターニュの鱈《たら》漁船でフランス北部の綿工業都市ルーアンにまで運ばれた。マルセイユ商人は南シリア産の綿花、それにシリア農村の女性を中心とした手工業が生み出す綿糸をサイダーで大量に購入した。こうして一七八〇年頃には年間約五〇〇〇トンの綿糸がサイダーから積み出され、ダマスクス産のものが最良とされた。マルセイユ商人が持ち込む商品では、従来の毛織物や紙に加え、西インド産の砂糖やコーヒー豆が重要度を高めていった。しかし、十八世紀中葉以降、ザーヒル・ウマルのもとで成長著しい港町アッカーがサイダーにとってかわることとなった。

ナポレオンとエジプト

二八歳の若きナポレオン・ボナパルト率いる約三万六〇〇〇人のフランス軍は、マルタ島征服ののち、一七九八年七月、アレクサンドリア近郊に上陸した。オスマン帝国に衝撃を与え、アラブ地域の植民地化の端緒となるフランス占領期の始まりである。その目的の一つは、イギリスとインドとの間の戦略的要地にくさびを打ち込むことにあった。他方、軍事遠征の推進力としては、エジプトのカーズダグリーヤの二頭支配と対立を深めていたマルセイユの商業勢力の要請も重要であった。フランス軍は侵攻理由を説明するアラビア語とオスマン語の宣言文を配布したが、そこで主張されている「スルタンの友人」による「マムルークの圧政からの解放」は、マルセイユ商人の願望の表現でもあったのである。

この「ファランジュの侵略」の新しさは、一六七人におよぶサヴァン、すなわち学者や技師、そして画家を引き連れてきたことにある。十八世紀フランスにおける古代エジプトへの情緒的・学術的な関心の高まりの延長線上に、憧れの地を踏んだサヴァンたちは、総合的な調査と記録に励んだ。その結実がのちにパリで出版された『エジプト誌』(全二三巻、一八〇九～二二年)である。この記念碑的な集成は、近代のエジプト学(エジプトロジー)の始動を告げただけではない。そこには、当時のエジプトの実状に関する膨大な調査報告や図像も収載されている。「啓蒙主義の発信所」であったカイロのエズベキーヤ地区のエジプト研究所を活動拠点としたサヴァンたちは、その異文化へのまなざしを、エジプトのウラマーがあたりまえすぎて記すことのない「常態」にも向けた。占領期エジプトの同時代史料としての『エジプト誌』の価値は極めて高い。他方、「調査し、記録し、支配する」という、十九世紀における植民地主義と学知の一体化の先駆をそこに確認することもできよう。そして、サヴァンたちの手記からは、当初は植民地支配の恒久的な持続が夢想されていたことも読み取れる。

カイロのナポレオンは、有力なウラマーやスーフィーを諮問委員会に組織し、州総督主宰の定例会議と同じ呼称である「ディーワーン」▲と名づけた。また、イスラームの保護者を演じ、預言者ムハンマドのマウリドなどの宗教行事にもかかわり、援助した。いわゆる「ナポレオンの親イスラーム政策」である。しかし、不動産税の新規導入やフランス人兵士の狼藉《ろうぜき》などで住民の不満は高まる。そして、セリム三世(在位一七八九〜一八〇七)のフランス軍討伐の勅令を機に、「スルタンの友人」という嘘が明白になると、カイロで大規模反乱(第一次対仏民衆反乱)が生起する。ジハード(聖戦)の性格をおびたこの市民蜂起には、シャ

▼ディーワーン　元来は台帳や官庁を指したが、ナポレオンは征服直後にエジプトの学者・宗教指導者の諮問会議を創設し、ディーワーンと名づけた。その構成員はアズハルの学長シャルカーウィーと教授たち、バクリーヤ教団長など八人。第一次対仏民衆反乱後は「大ディーワーン」(六〇人)と有力カイロ商人やアラブのキリスト教徒も含む上位の「小ディーワーン」(一四人)へと拡充されたが、その役割は名目的であった。しかし、ムヌーは占領末期にジャバルティーも加えて学者・宗教指導者のみのディーワーン(九人)を再生させ、「イスラーム的体制」の支柱とした。

カイロのナポレオン

リーフやアズハルのウラマーの参加や指導もみられ、唯一神に対する祈願形式のシュプレヒコールや警告行動としての投石など、伝統的な抗議作法もみられた。しかし、カイロ城から市内中心部に向けての砲撃を含む暴力の支配に、マスタバ（石の台座）で街区にバリケードを築いた市民の異議申立ては押さえ込まれてしまう。あるフランス人下士官の記録によれば、エジプト人の死者は三〇〇〇人以上、フランス軍の死者は一〇〇人以下であった。

マルセイユ商人の利害の代弁者でもあったナポレオンは、その後、前記の港アッカーへと進軍するが、攻略しきれずに退却する。一七九九年七月、オスマン帝国軍の地中海からの攻撃を退けると、エジプトでの「成果」をひっさげて八月にフランスに帰国し、クーデタに成功する。あとを任されたクレベール将軍は、十一月、イギリス・オスマン帝国軍のダミエッタ上陸を阻止し、翌年一月にはアリーシュ合意を結び、「名誉ある撤退」を選択する。だが、フランス軍の消耗を求めるイギリスの思惑から、結局オスマン帝国軍と決戦に臨むことになる。フランス軍はヘリオポリスの戦いに勝ち、オスマン帝国軍に連帯して立ち上がったカイロとデルタの住民の一カ月以上続く大反乱（第二次対仏民衆反乱)を弾圧し、占領体制は延命したのである。しかし、エジプト社会に義憤の念が渦巻くなか、そのクレベールは、アレッポ出身の青年スライマーン・ハラビーに暗殺され、ムヌー将軍がその後を継ぐ。

ロゼッタのシャリーフの娘との結婚のためイスラームに改宗し、ムスリム名「アブドゥッラー」をえたこの異色のフランス人将軍は、歴史家ジャバルティーも加入したディーワーンを活用して融和的な体制を模索した。しかし、イギリスとオスマン帝国の連携により、一八〇一年の夏、フランス軍はエジプトからの撤退をよぎなくされた。

フランス占領期の波紋

フランスによる軍事占領は、こうして短期で終焉《しゅうえん》をむかえた。都市を中心にフランス人とエジプト人の日常的接触はさまざまにあったが、エジプトの社会経済や民の生活世界への西欧近代の影響は限定的だったとみるべきであろう。ただし、この三年間を過小評価すべきではない。とくに「伝統的知識人」へのインパクトは大きかった。ディーワーンに参加し、植民地支配の一翼を担って

▼**『フランス占領史』**　占領初期(一七九八年六月〜九九年一月)を叙述した史書。「異教」の西欧勢力による占領という衝撃的事態のなかで書かれた、ジャバルティーの最初の年代記である。アラビア語刊本で一〇〇頁しかなく未完だが、対象期間についてはもっとも詳細な内容をもっている。

▼**『畏敬の表出』**　フルタイトルは『フランス政権消滅における畏敬の表出』。占領の終結直後、一八〇一年十二月にジャバルティーが完成させた二番目の年代記で、占領期すべてをあつかう。占領体制に協力した著者による「弁明の書」という性格もおびている。

しまったジャバルティーは、占領期が終わると弁解の必要に迫られ、前著の『フランス占領史』▲に比べてフランスへの批判姿勢を強化した『畏敬の表出』▲を著す。他方、占領期の彼がエジプト研究所の活動に熱い視線をそそいでいたことも看過できまい。ジャバルティーや、その友人でサヴァンとの学術交流を深めたハサン・アッタール▲は、「欧化ウラマー」の先駆けといえよう。

フランス軍撤退後の混乱期の勝者として、一八〇五年に州総督となったムハンマド・アリーの登場と活動も、占領期なくしてはありえなかった。オスマン帝国の中央政府に先立って「上からの西欧近代化」に注力したこのオスマン軍人は、植民地支配をへてエジプトとの交流や人の移動が加速化したフランスから、「お雇い外国人」を多数受け入れて重用した。その代表例が軍事改革を主導したジョゼフ・セヴ(一七八八〜一八六〇)と医療改革を推進したアントワーヌ・クロット(一七九三〜一八六八)である。近代化の範をフランスに求める姿勢は、そこが留学生のおもな派遣先とされたことにも示されている。一八二六年に初めて公式にパリに派遣された留学生四四人の礼拝指導者を務めたタフターウィー▲は一八三一年に帰国すると、近代アラブの啓蒙思想の旗手として、教

▼ハサン・アッタール(一七六六〜一八三五)　香料薬種商の子としてカイロに生まれ、アズハルで学び、教えた。サヴァンたちに接して西欧科学に興味をもち、エジプト研究所の器具の使用も許された。第二次対仏民衆反乱後に上エジプトへ避難し、占領終了後にカイロにもどったが、一八〇三年にダミエッタから船出してイスタンブルへ。アルバニア北部のアーヤーン、ブシャトル家のムスタファーがおさめる県都シュコドラに一時居住し、結婚して子をなした。ダマスクス・メッカ・エルサレムなどへて一四年に帰郷。ムハンマド・アリーのもとで官報編集長、アズハル学長を務め、カイロで死去。

▼タフターウィー(一八〇一〜七三)　近代アラブの代表的な啓蒙思想家。上エジプトのタフターにシャリーフとして生まれ、アズハルで学んだ。恩師ハサン・アッタールのはからいで、第一回公費留学生を引率し、パリに約五年滞在。フランス語文化の吸収に努め、ジョマールら東洋学者との交流も深めた。その体験はアラブ初の近代ヨーロッパ滞在記の『黄金の精錬』(一八三四年)に結実。翻訳や教育の分野に巨歩を印した。

ハサン・アッタールの肖像とされる絵

育や翻訳を中心にめざましい活動を展開した。彼は前述のハサン・アッタールの弟子であった。ここにも、フランス占領期の激震の波紋が感得されよう。

参考文献

黒木英充編『シリア・レバノンを知るための64章』（エリア・スタディーズ123）明石書店、二〇一三年
佐藤次高編『西アジア史Ⅰ アラブ』（新版世界各国史8）山川出版社、二〇〇二年
鈴木董編『オスマン帝国史の諸相』山川出版社、二〇一二年
鈴木董編『パクス・イスラミカの世紀』（新書イスラームの世界史2 講談社現代新書）講談社、一九九三年
鈴木博之・伊藤毅ほか編『中世的空間と儀礼』（シリーズ都市・建築・歴史3）東京大学出版会、二〇〇六年
永田雄三・羽田正『成熟のイスラーム社会』（世界の歴史15、中公文庫）中央公論新社、二〇〇八年
長谷部史彦編『ナイル・デルタの環境と文明Ⅰ・Ⅱ』早稲田大学イスラーム地域研究機構、二〇一二〜一三年
羽田正・三浦徹編『イスラム都市研究——歴史と展望』東京大学出版会、一九九一年
林佳世子『オスマン帝国500年の平和』（興亡の世界史、講談社学術文庫）講談社、二〇一六年
深沢克己編『国際商業』（近代ヨーロッパの探究9）ミネルヴァ書房、二〇〇二年
ホーラーニー、アルバート（湯川武監訳）『アラブの人々の歴史』第三書館、二〇〇三年
Establet, Colette et Pascual, Jean-Paul, *Ultime voyage pour la Mecque: les inventaires après décès de pèlerins morts à Damas vers 1700*, Damas, 1998.
Hathaway, Jane, *The Arab Lands under Ottoman Rule, 1516–1800*, Harlow, 2008.

Holt, P. M., *Studies in the History of the Near East*, London, 1973.

Khoury, Dina Rizk, *State and Provincial Society in the Ottoman Empire: Mosul, 1540–1834*, Cambridge, 1997.

Masters, Bruce, *Christians and Jews in the Ottoman Arab World: The Roots of Sectarianism*, Cambridge, 2001.

Masters, Bruce, *The Arabs of the Ottoman Empire, 1516–1918: A Social and Cultural History*, Cambridge, 2013.

Nagata Yuzo, Miura Toru and Shimizu Yasuhisa, *Tax Farm Register of Damascus Province in the Seventeenth Century: Archival and Historical Studies*, Tokyo, 2006.

Rafeq, Abdul-Karim, *The Province of Damascus, 1723–1783*, Beirut, 1966.

Raymond, André, *Artisans et commerçants au Caire au* XⅧ *e siècle*, 2tomes, Damas, 1973-1974.

Raymond, André, *Égyptiens et français au Caire, 1798-1801*, Le Caire, 1998.

Reichmuth, Stefan, *The World of Murtaḍā Zabīdī (1732–91): Life, Networks and Writings*, Cambridge, 2009.

Shuval, Tal, *La ville d'Alger vers la fin du* XⅧ *siècle; population et cadre urbain*, Paris, 2002.

Singer, Amy, *Constructing Ottoman Beneficence: An Imperial Soup Kitchen in Jerusalem*, Albany, 2002.

Sirriyeh, Elizabeth, *Sufi Visionary of Ottoman Damascus: 'Abd al-Ghanī al-Nābulusī, 1641–1731*, London, 2011.

Um, Nancy, *The Merchant Houses of Mocha: Trade and Architecture in an Indian Port,* Seattle, 2011.

図版出典一覧

Amnon Cohen, *Economic Life in Ottoman Jerusalem*, Cambridge, 1989. *39*左, *98*

André Raymond, *The Great Arab Cities in the 16th–18th Centuries: An Introduction*, New York, 1984. *17, 19, 47, 49*

André Raymond, *Égyptiens et Français au Caire, 1798–1801*, Le Caire, 1998. *108*

André Raymond ed., *Cairo: An Illustrated History*, New York, 2002. *23, 105*

Colette Establet et Jean-Paul Pascual, *Ultime voyage pour la Mecque: Les inventaires après décès de pèlerins morts à Damas vers 1700*, Damas, 1998. *55*

Edward William Lane, *An Account of the Manners and Customs of the Modern Egyptians Written in Egypt during the Years 1833–1835*, London, 1978. 扉, *51*

Esin Atıl, *Levni and the Surname: The Story of an Eighteenth-Century Ottoman Festival*, Istanbul, 1999. *94*

George Michell, *Architecture of the Islamic World*, London, 1978. *15, 72*

H. van den Boogert Maurits, *Aleppo Observed: Ottoman Syria through the Eyes of Two Scottish Doctors, Alexander and Patrick Russell*, Oxford, 2010. *26*

James Grehan, *Everyday life & Consumer Culture in 18th Century Damascus*, Seattle, 2007. *54*

Nelly Hanna, "Bayt al-Isṭambullí, An Introduction to the Cairene Middle Class House of Ottoman Period", *Annales Islamologiques*, 16, 1980. *46*

Pascal Coste, *Toutes Les Égypte*, Marseille, 1998. *57*

Peter Sluglett ed., *Syria and Bilād al-Shām under Ottoman Rule*, Leiden, 2010. *102*

Ross Burns, *Damascus, A History*, London, 2005. *21*

Sylvia Auld and Robert Hillenbrand ed., *Ottoman Jerusalem, the Living City: 1517–1917*, London, 2000. *39*右

Terence Walz, *Trade between Egypt and Bilād as-Sūdān 1700–1820*, Cairo, 1978. *97*

著者提供 カバー表, カバー裏, *64, 67*

世界史リブレット 112
オスマン帝国治下《ていこくちか》のアラブ社会《しゃかい》
2017年5月30日　1版1刷発行
2021年6月30日　1版2刷発行
著者：長谷部史彦《はせべふみひこ》
発行者：野澤武史
装幀者：菊地信義
発行所：株式会社 山川出版社
〒101-0047　東京都千代田区内神田1-13-13
電話　03-3293-8131(営業)　8134(編集)
https://www.yamakawa.co.jp/
振替　00120-9-43993
印刷所：明和印刷株式会社
製本所：株式会社ブロケード
 ISBN978-4-634-34950-6